AF555300

ASCANIO

OPÉRA EN CINQ ACTES, SEPT TABLEAUX

D'APRÈS LE DRAME *BENVENUTO CELLINI*

DE

PAUL MEURICE

POÈME DE

LOUIS GALLET

MUSIQUE DE

CAMILLE SAINT-SAËNS

UN FRANC

PARIS

CALMANN LÉVY, ÉDITEUR

RUE AUBER, 3, ET BOULEVARD DES ITALIENS, 15

A LA LIBRAIRIE NOUVELLE

1890

ASCANIO

OPÉRA

Représenté pour la première fois, à Paris,
à l'ACADÉMIE NATIONALE DE MUSIQUE, le 21 mars 1890.

Direction de MM. RITT et GAILHARD.

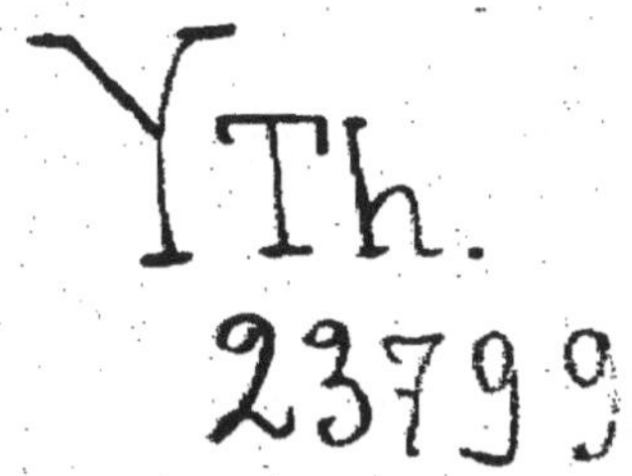

PARIS. — IMPRIMERIE CHAIX, 20, RUE BERGÈRE. — 6434-3-90.

ASCANIO

OPÉRA EN CINQ ACTES, SEPT TABLEAUX

D'APRÈS LE DRAME « BENVENUTO CELLINI »

DE

PAUL MEURICE

POÈME DE

LOUIS GALLET

MUSIQUE DE

CAMILLE SAINT-SAËNS

PARIS

CALMANN LÉVY, ÉDITEUR

ANCIENNE MAISON MICHEL LÉVY FRÈRES

3, RUE AUBER, 3

1890

DIVERTISSEMENT RÉGLÉ PAR M. HANSEN

COSTUMES DESSINÉS PAR M. BIANCHINI

DÉCORS :

1er Tableau :	MM.	Lavastre et Carpezat.
2e	—	Lavastre et Carpezat.
3e	—	Rubé, Chaperon et Jambon.
4e	—	Lavastre et Carpezat.
5e	—	Lavastre et Carpezat.
6e	—	Rubé, Chaperon et Jambon.
7e	—	Lavastre et Carpezat.

Pour toute la musique, la mise en scène, les dessins des décors et des costumes, et tout ce qui concerne l'exécution théâtrale de cet ouvrage, s'adresser à MM. Durand et Schœnewerk, éditeurs de musique, place de la Madeleine, 4.

CHANT

Premiers dessus.

Coryphées. — Mmes Nastorg, Prevost, Laflèche.

Mmes Lovendal, Bouillard, Chéri, Lafitte, Pierre, Maretti, Lebel, Barrault, Doutre, Guffroy, Dole.

Seconds dessus.

Mmes Guérin, Bernardi, Lebrun, Reingpach, Steeh-Hélin, Barrieu, Dudorf, Menjaud, Roussel.

Troisièmes dessus.

Coryphée. — Mme Tedeschi.

Mmes Jaeger, Méneray, Richard, Dodun, Walack, Glauser.

Quatrièmes dessus.

Coryphée. — Mlle Denis.

Mmes E. Jaeger, Piermarini, Ledieu, Degraef, Dupuy, Bertrand, Nizet, Bourgeois, Aubert.

Premiers ténors.

Coryphées. — MM. Hélin, Gilbert, Giraud.

MM. Vignot, Kerkaert, Vasseur, Rousseau, Nagrasse, Moreau, Barrier, Lozier, Mesme, Cléry, Moison, Pissard, Morand, Daguet, Maillard.

Seconds ténors.

Coryphées. — MM. Dhorne, Flajollet, Suntrupp.

MM. Bonnemye, Devisme, Salviat, Buyck, Jalot, Buyck (2e), Montrochet, Delorme, Favre, Bourgeois, Eyraud.

Premières basses.

Coryphées. — MM. Vallé, Lafitte, Gaby.

MM. Schmidt, Castels, Pons, Égée, Graux, Perrin, Deslauriers, Duchosal, Prévost.

Secondes basses.

Coryphées. — MM. Soyer, Delsart, Balas.

MM. Jeanson, Soulier, Fardé, Garet, Compans, Morin, Famechon, Noir, Bouissavin, Bouquerel, Mat, Aubert, Cheneval.

DIVERTISSEMENT

TROISIÈME ACTE

DIVERTISSEMENT MYTHOLOGIQUE RÉGLÉ PAR M. HANSEN

L'AMOUR	Mlles	DÉSIRÉ.
VÉNUS		LOBSTEIN.
JUNON.		GRANGÉ.
PALLAS.		KELLER.
DIANE		SANDRINI.
ÉRIGONE		OTTOLINI.
NICÆA		BROT.
PSYCHÉ.		CHABOT.
LA NYMPHE DE FONTAINEBLEAU. .		INVERNIZZI.
PHŒBUS		TORRI.
BACCHUS	MM.	VAZQUEZ.
LE MAITRE DES JEUX		PLUQUE.

Quatre dryades, sujets. — Mlles Roumier, Rossy, Régnier, Van Gœthen.

Quatre dryades, coryphées. — Mlles Stilb, Kahn, Jourdain Pamélar (2e).

Quatre dryades, premier quadrille. — Mlles Hayet, Desprez, Prince, Deschamps.

Quatre naïades, sujets. — Mlles I. Ottolini, Gallay, Salle, Violat.

Quatre naïades, coryphées. — Mlles Hatrel, Lainé, Vuthier, Rossy (1re).

Quatre naïades, premier quadrille. — Mlles Tétard, Beauvais, Letellier, Flechelle.

Quatre bacchantes, sujets. — Mlles Blanc, Perrot, Méquignon, Chasles.

Huit Bacchantes, coryphées. — Mlles Mestais, Boos, Carrelet, Rat, Mante, Régnier (2e), Mourel, Parent.

Huit bacchantes, quadrilles. — Mlles Charles, Moormans, Mérodes, Cazeneuve, Didier, Villard, Charrier Bariaux.

LES NEUF MUSES

Clio	Mlles	Lecouvey.
Euterpe		Buret.
Thalie.		Carré.
Melpomène		Méquignon, 2e.
Terpsychore		Mante, 2e.
Érato		Yxart.
Uranie.		Walker.
Calliope.		Boutouyrie.
Polymnie		Bossu.

---

le Dragon des hespérides. . . . Mlle Dockes.

Huit bouffons, élèves. — Mlles Poncet, Hauguel, Haats, Verdant, Hugon, Meunier, Mante (3e), Esnel.

FIGURATION

PREMIER ACTE, PREMIER TABLEAU

Quatre seigneurs. — MM. Guillemot, Hoquante, Stilb, Domingi.

Deux grandes dames. — Mmes Blanc, Mollier.

Six pages du roi. — Mmes Blanc (2e), Morand, Lydia, Chouipp, Regnault, Brunet.

Treize hallebardiers, comparses.

PREMIER ACTE, DEUXIÈME TABLEAU

Quinze ouvriers. — MM. Friant, Javon (2e), Baptiste, Berger, Élisée, Chenat, Meunier, Javon (1er), Vazquez Ferouelle, Keller, Dieul, Diany, Lavigne, Cuvelier.

Treize femmes du peuple. — Mmes Pennemann, Leroy, Morel, Lambert, Gladieu, Porté, Freret, Rotival, Bicard, Jeanne, Sotin, Cadya, Lelièvre.

Quatre servantes. — Mmes Lasne, Marchand, Maupré, Lemau.

Dix jeunes filles. — Mlles Hugon, Mollard, Soubrier, Yves, de Folly, Robiette, Mendès (2e), Couat (2e), Barbier, Richaume.

Un écuyer. — M. Bussy.

Dix hommes du peuple, comparses.

Deux mendiants.

Quatre valets portant la litière.

Quatre ustensiliers garçons d'auberge.

DEUXIÈME ACTE, TROISIÈME TABLEAU

Un seigneur espagnol. — M. Porcheron.

DEUXIÈME ACTE, QUATRIÈME TABLEAU

Quatre seigneurs. — MM. Hoquante, Guillemot, Stilb, Domingi.

Treize hallebardiers, comparses.

TROISIÈME ACTE, CINQUIÈME TABLEAU

Quatre seigneurs. — MM. Hoquante, Guillemot, Stilb, Domingi.

Six pages du roi. — Mlles Blanc (2e), Morand, Lydia, Chouipp, Regnault, Brunet,

Quatre pages de Charles-Quint. — Mmes Jeanne, Freret, Bicard, Sotin

Deux grandes dames. — Mmes Blanc, Mullier.

Treize hallebardiers, comparses.

QUATRIÈME ACTE, SIXIÈME TABLEAU

Deux sergents, comparses.

Treize gardes, comparses.

Huit ouvriers portant une châsse, comparses.

CINQUIÈME ACTE, SEPTIÈME TABLEAU

Quatre seigneurs. — MM. Hoquante, Guillemot, Stilb, Domingi.

Six pages du roi. — Mmes Blanc (2e), Morand, Lydia, Chouipp, Regnault, Brunet.

Une ursuline. — Mme Lambert.

PERSONNAGES

BENVENUTO CELLINI.	MM.	LASSALLE.
ASCANIO.		COSSIRA.
FRANÇOIS Ier		PLANÇON.
CHARLES-QUINT		BATAILLE.
D'ESTOURVILLE		GALLOIS.
D'ORBEC.		TÉQUI.
UN MENDIANT		MARTAPOURA.
PAGOLO		CRÉPEAUX.
LA DUCHESSE D'ÉTAMPES. . .	Mmes	ADINY.
SCOZZONE.		BOSMAN.
COLOMBE D'ESTOURVILLE. . .		EAMES.
DAME PÉRINE (rôle muet).		MORIS.
CHŒURS.		

Paris, 1539.

Mise en scène spécialement réglée

PAR

M. P. GAILHARD.

ASCANIO

ACTE PREMIER

Premier tableau.

Les ateliers de Benvenuto Cellini à Paris. Vieille salle avec des établis devant une grande verrière claire, des dressoirs, des bahuts pleins de pièces d'orfèvrerie, des chevalets, des cartons. Sièges de bois grossiers.

Au premier plan, sur une table, une grande coupe dans laquelle sont des bijoux. A gauche du spectateur, sur une crédence, le modèle en argile d'une statue de Jupiter. Au fond, la forge qui sert de pièce d'entrée. Portes latérales au second plan. Au lever du rideau, les élèves, les apprentis, les ouvriers sont au travail, très appliqués.

Au fond, dans la forge, on entend battre l'enclume. Bientôt la sonnerie de l'enclume s'arrête. Benvenuto paraît. Au milieu d'un silence recueilli, Benvenuto s'avance, s'arrêtant çà et là près de l'un de ses élèves. Il arrive ainsi devant la place vide d'Ascanio, y prend un dessin qu'il examine longuement.

SCÈNE PREMIÈRE

ÉLÈVES, APPRENTIS, OUVRIERS, BENVENUTO, puis ASCANIO.

BENVENUTO, montrant le dessin.

Très bien ! Voilà comme il faut me comprendre !
Ah ! quelle grâce et quelle pureté !
Cette figure d'ange est telle, en vérité,
Que le plus délicat ne saurait qu'y reprendre.
Ascanio, mes amis, est un maître !

PAGOLO, à part, avec envie.

Ascanio !
Toujours pour celui-là la même préférence !

BENVENUTO, passant près de lui.

Toi, Pagolo, voyons !

Prenant le dessin de Pagolo.

Oh ! oh !
Quelle erreur ! quelle différence !
Ton ange est un démon ! Regarde donc le sien !
C'est à recommencer !

PAGOLO.

C'est bien !
Je recommencerai.

Il déchire son dessin.

A part.

Maudit ! Ah ! bientôt vienne
L'heure où de ton dédain se vengera ma haine !

Il se lève.

BENVENUTO.

Où donc est Ascanio?

PAGOLO.

Dans sa chambre.

Venant près de lui et avec un sentiment de jalousie ironique.

Amoureux.
Artiste, il est toujours également heureux!...
Artiste, vous l'aimez; amoureux, on l'adore...

En confidence.

Un messager mystérieux
A remis pour lui, ce matin encore,
Un billet doux qu'il est allé lire par là...
Il a bien des secrets!...

BENVENUTO.

Mon pauvre ami, voilà
Ce que rapporte aux gens leur galante tournure!...
Il ne t'arrivera jamais même aventure!

PAGOLO, à part, avec rage.

Oh! les frapper tous deux!

On entend sonner midi.

LE CHŒUR, plusieurs fois répété.

Midi! midi! midi!
En route! à table! Allons!

Tous se lèvent, en tumulte, et rapidement rangent leur travail, les bancs, les sièges, faisant la place nette au milieu de l'atelier.

BENVENUTO.

C'est une heure perdue;
Au moins, faites-la brève, enfants! Je vous ai dit
Quelle illustre visite est par nous attendue:

Le roi peut venir aujourd'hui,
Et j'entends vous voir tous réunis devant lui !
Allez !

Tous s'éloignent. Au même moment Ascanio paraît et se dispose à les suivre. Benvenuto l'arrête d'un geste.

Reste, Ascanio !

Ascanio vient en scène. Benvenuto, après l'avoir contemplé un instant avec affection, lui prend la main.

SCÈNE II

BENVENUTO, ASCANIO.

BENVENUTO, doucement.

Tu sais combien je t'aime !
Oui, je retrouve en toi comme un autre moi-même,
Jeune, vaillant et triomphant !

Toi que j'ai recueilli naguère
Des bras défaillants de ta mère,
Mon frère de cœur, mon enfant !
Ah ! par la noble et sainte femme,
Que je pleure encor comme toi,
Dis-moi quel trouble, quel émoi,
Se reflète en tes yeux, pur miroir de ton âme ?

Avec quelque hésitation.

Cette lettre reçue ?...

ASCANIO, simplement.

Eh quoi ?...
Pagolo vous a dit ?

BENVENUTO.

Peut-être
Suis-je indiscret ?

ASCANIO, avec élan.

Vous, maître !...
Ah ! lisez !...

Il lui remet la lettre ouverte.

BENVENUTO, tout en lisant.

Pas de nom !.., Un rendez-vous !... Eh bien.
Iras-tu ?

Il lui rend la lettre.

ASCANIO, indifférent, puis s'animant.

Si j'irai ? Non !... Oui !... Je n'en sais rien !
Si je croyais pourtant... Si cela venait d'elle ?

BENVENUTO, souriant.

D'Elle, as-tu dit ? Allons ! je ne me trompe pas
Oui, tu souffres d'Amour la blessure cruelle !...
Achève ! Parle !...

ASCANIO.

Hélas !

Si loin et si haut dans l'espace
Ma céleste vision passe,
Trompant mes regards éperdus !

C'est l'éblouissement d'un rêve,
L'illusion riante et brève
Qui s'envole et ne revient plus !

N'exigez pas que je la nomme :
Il n'est point au pouvoir de l'homme
De m'ouvrir le chemin des cieux.

Aucun vain espoir ne me leurre ;
Mais sa pensée en moi demeure
Comme un parfum délicieux.

BENVENUTO, avec bonté.

Va donc, maître toujours des secrets de ta vie !...
Si l'avenir te garde un bonheur, sacrifie
A tes jeunes amours notre vieille amitié;
Mais si c'est un péril, soyons-y de moitié !

Ascanio, ému, s'incline comme pour lui baiser la main. Benvenuto le pousse vers la porte avec une brusquerie affectueuse.

Va dîner !

Ascanio sorti, Scozzone paraît.

SCENE III

BENVENUTO, SCOZZONE. Elle est vêtue à l'italienne.

SCOZZONE, du seuil de la porte latérale.

Maître !

BENVENUTO, joyeux.

Bon !... Après l'ami, l'amie !
Scozzone ! Double joie ! Oh ! chère, chère enfant !...

Il la prend dans ses bras. Elle lui résiste un peu, se dérobe.

Eh quoi ! méchante, on se défend !

SCOZZONE, fâchée.

Oui! vous ne m'aimez plus!

BENVENUTO.

Ne plus t'aimer, lumière!
Ne plus t'aimer, gaîté!
Toi qui, pour me suivre, as quitté
Ta riante Florence, et de ton amour fière
As tout sacrifié pour moi!
Ne plus t'aimer!

SCOZZONE, avec un regard défiant.

Pourquoi,
Songeant à votre œuvre nouvelle.
Cherchez-vous un autre modèle?

BENVENUTO, l'attirant vers lui et de belle humeur.

Jeanne, je t'ai nommée à bon droit « Casse-cou »,
« Scozzone ». Ton esprit va, va sans savoir où!
Comment! J'ai fait de toi Junon, Vénus, Diane,
La fierté, la beauté, la splendeur! Dieu me damne!
Te faut-il encor la candeur?

La regardant avec amour.

Ces yeux,
Ces beaux yeux ne sont pas ceux d'Hébé la candide.
Hébé, ce n'est pas vous!
De l'idéal vers qui mon rêve pur me guide
Votre cœur est-il donc jaloux?

SCOZZONE, ardemment, s'éloignant de Benvenuto.

Jaloux de tout!

BENVENUTO.

Ah! pourquoi ce front pâle,
Soudain? Tu n'as qu'une rivale:

L'éternelle beauté, qui fait l'art immortel;
La Muse, la Maîtresse impeccable et sévère!
Puisque c'est toi que j'aime sur la terre,
Laisse-moi librement l'adorer dans le ciel!

SCOZZONE.

Maître, pardonnez; j'étais folle:
De mon doute un mot est vainqueur;
Maître, votre noble parole
A raffermi mon faible cœur.

Vers cette divine conquête,
Marchez, marchez sans hésiter.
Moi, de l'humble part qui m'est faite,
Je me tiendrai pour satisfaite
Si je ne dois pas vous quitter;
Si vous me gardez en votre âme
Une place qu'aucune femme
Ne doive un jour me disputer.

BENVENUTO.

Un rien, un souffle, une parole,
Peut donc troubler ce pauvre cœur?
Va! rassure-toi, tête folle,
Et crois à ton charme vainqueur!

Après lui avoir baisé doucement la main.

Allons, souriez, chère belle!...
Et dites quelle nouvelle
Vous m'apportiez ce matin?...

SCOZZONE, près de lui, confiante, heureuse.

De ceux que vous aimez me touche le destin;
Les servant, je vous sers! Un grand danger menace
Votre ami le plus cher... Ascanio!

BENVENUTO, vivement, inquiet.

Lui! de grâce

Parle!... le danger vient!...

SCOZZONE.

D'une femme!

BENVENUTO.

Son nom?

SCOZZONE.

La Duchesse d'Étampe.

BENVENUTO.

Ah! ton amie?

SCOZZONE.

Amie?

Si vous voulez... peut-être non!

Je l'ai connue en Italie.
Enfant, j'ai partagé ses jeux;
Elle me dit « ma sœur » et le passé nous lie
Mais non pas à ce point que je ferme les yeux
Sur sa dangereuse folie!

Ascanio lui plait fort, je crois.

BENVENUTO.

Ah! qu'as-tu dit?

Cet amour maudit
Pour lui, c'est la mort peut-être!
Les amants qu'elle fait rivaux du roi son maitre,
On le sait, meurent tous et misérablement.

Comme à lui-même.

Je n'ai plus à chercher d'où venait cette lettre.

SCOZZONE, intéressée.

D'elle à lui?

BENVENUTO.

D'elle, assurément!

Après un temps, résolument.

J'empêcherai qu'elle ait Ascanio pour amant.

SCÈNE IV

LES MÊMES, PAGOLO, puis LES ÉLÈVES, ASCANIO, LE ROI FRANÇOIS Ier, LA DUCHESSE D'ÉTAMPES, avec une brillante SUITE DE SEIGNEURS ET DE DAMES, PAGES, précédant et escortant le roi. HALLEBARDIERS et GARDES, restant au fond.

PAGOLO, accourant en toute hâte.

Le roi! Voici le roi!

BENVENUTO.

Seul?

PAGOLO.

La cour tout entière.

Je crois. Des cavaliers, des dames en litière...

Voyez!

BENVENUTO, après un regard jeté au dehors.

Ouvrez partout!

Des ouvriers, les apprentis, les élèves arrivent par groupes empressés. — On ouvre les bahuts. On range rapidement quelques pièces d'orfèvrerie. Puis une haie se forme, attendant la venue du roi, qui paraît bientôt au milieu des Noël! plusieurs fois répétés du chœur.

LES OUVRIERS, LES ÉLÈVES, avant l'entrée du roi et sur son passage.

Noël ! Noël au roi !...

LE ROI, en scène, noble et simple.

Bonjour, Benvenuto !

BENVENUTO, s'inclinant profondément.

Sire !

LE ROI, à la duchesse d'Étampes, avec laquelle il est entré.

Je vous présente,
Duchesse, un souverain, plus souverain que moi,
Maître, à son gré, de tout ce qui le tente.
Un poète, un soldat, un peintre, un ciseleur,
Un Archimède, un Praxitèle,
Même un musicien, je crois !... Sa part est belle
N'est-ce pas ? Et je puis envier sa valeur !

A Benvenuto.

Montrez-nous vos travaux.

BENVENUTO.

A vos ordres !

Voyant la duchesse d'Étampes examiner divers bijoux qu'elle a pris dans la coupe posée sur la table.

Madame,
Vous regardez cela ? Quelques bijoux de femme...

LA DUCHESSE, montrant le bracelet qu'elle tient.

Charmant !

BENVENUTO.

Ce bracelet
N'est pas de ma façon. Ascanio, mon élève,
L'a fait sans mes conseils. Il est d'un art parfait !

LE ROI.

Si grand soit son talent, c'est de vous qu'il relève,
Maître.

BENVENUTO.

Sire

LE ROI.

Voyons d'abord ce médaillier.
Puis vous me montrerez le trésor du joaillier,
Puis l'œuvre du sculpteur.

Benvenuto, marchant à côté du roi, va à un meuble, l'ouvre et lui montre diverses médailles ; puis l'examen continue, les deux personnages s'arrêtant devant chaque dressoir. Les seigneurs et les dames les suivent. Les ouvriers se sont retirés vers le fond. Le roi et Benvenuto font ainsi le tour de l'atelier.

LA DUCHESSE, pendant ce mouvement de scène, doucement.

Ascanio !

Ascanio s'approche avec respect, — lui montrant le bracelet.

Je suppose
Que ce bijou n'a point de maître encor. — Voyez
S'il va bien à mon bras ?

Elle tend vers lui son bras un peu découvert, le regardant avec un sourire.

ASCANIO, sans s'approcher d'elle.

Oh ! sans doute.

LA DUCHESSE, elle fait un pas vers lui.

Essayez
Pourtant ; ne tremblez pas !

Il attache le bracelet au bras de la duchesse. Coquettement, lentement.

Ah ! que cet émail rose
Est fin dans cet or mat ! C'est le ton de la chair !
Le prix ? Qu'importe ? Un tel joyau n'est jamais cher.
Il est à moi.

ASCANIO, s'inclinant, avec joie.

Merci, madame !

LA DUCHESSE.

Il faut encore
Créer pour moi... voyons ?... un lis en diamants !
J'en ai de merveilleux.

A part.

Il a des yeux charmants
A la fois doux et fiers !... Et son front se colore
D'un beau rayon d'orgueil... et peut-être... d'amour !

Haut.

Donnez-moi ce travail, bientôt.

A part à elle-même.

Avant ce jour
Ai-je jamais aimé ?

SCOZZONE, *qui les observe.*

Comme elle le regarde !...

Passant près de la duchesse, et bas.

Le roi revient vers nous, madame. Prenez garde.

LA DUCHESSE, *avec passion.*

Laisse ! Me défier, Jeanne, c'est m'enhardir !
Je l'aime !

Pendant toute cette scène lente, le roi et Benvenuto ont achevé de visiter les dressoirs et les bahuts. Ils arrivent devant la crédence où est le Jupiter.

LE ROI, *avec une exclamation d'admiration à Benvenuto.*

Un créateur si grand peut-il encor grandir ?...
Et pourtant je le vois se surpassant lui-même !

Voilà le pur chef-d'œuvre, ami, ce Jupiter !
Ces beaux traits respirant la majesté suprême.
Ce bras levé qui dans l'éther
Va sur nos fronts déchaîner le tonnerre,
Voilà l'Olympien, le maître de la terre,

Voilà le roi des dieux, voilà le dieu des rois !...

Après un temps.

Avant un mois,
Il faut me fondre en bronze, en or, ce dieu d'argile !

BENVENUTO.

Grande entreprise, mais, hélas ! bien difficile !...
Ici, nous sommes à l'étroit...

LE ROI.

Si l'un de nos hôtels...

BENVENUTO.

Il en est un, je crois,
Qui nous conviendrait fort.

LE ROI.

Et lequel ?

BENVENUTO.

Le Grand-Nesle

LE ROI.

Il est à vous !

LA DUCHESSE, *vivement, se rapprochant du roi.*

Sa Majesté dit-elle
Qu'elle reprend le Nesle au prévôt de Paris,
A monsieur d'Estourville ?

Plus bas.

Un homme à moi !

LE ROI, *simplement.*

Je dis
Que le Grand-Nesle étant désert, avant une heure
Cellini peut en faire sa demeure.

A l'un des seigneurs de sa suite

Écrivez l'ordre !

BENVENUTO.

Sire ! Ah ! c'est trop de bonté !

LE ROI.

J'attends l'empereur Charles-Quint, mon frère,
Et veux qu'il soit royalement fêté !..

A votre invention donnez libre carrière...
Faites-nous quelque plan de fêtes et de jeux,
Qui, dans Fontainebleau, puisse éblouir ses yeux !
Nous serons quittes.

Avec intention.

Puis, fondez cette statue...
Pour moi seul !

BENVENUTO.

Vous serez obéi, Sire !

LE ROI, lui tendant la main et lui remettant l'ordre.

Adieu !

ASCANIO, à part.

Vivre au grand Nesle, près de Colombe, ô mon Dieu !
Quelle ivresse !

Le roi s'éloigne avec la duchesse.

SCOZZONE, venant près de Benvenuto et lui montrant tour à tour la duchesse d'Étampes et Ascanio.

Elle l'aime !...

BENVENUTO.

Ah ! cet amour qui tue...

LE CHŒUR, sur le passage de la cour qui s'éloigne lentement.

Noël au roi ! Noël !

BENVENUTO, à Scozzone.

Je l'en préserverai!

Avec un geste de défi vers la duchesse près de disparaître.

Qu'elle aille au rendez-vous maintenant, j'y serai.

Le chœur multiplie ses acclamations. — La toile tombe. — Rideau de manœuvre.

Deuxième tableau.

La place du cloître des Augustins. — A droite du spectateur la porte du chevet de la chapelle des Augustins. Du même côté, les deux Nesle. — Au fond, la porte de Nesle et la tour de Nesle. Au delà, la Seine et le vieux Louvre. De l'autre côté de la scène, à gauche du spectateur, en face de la chapelle, une taverne.

SCÈNE PREMIÈRE

ÉCOLIERS devant la taverne; HOMMES, FEMMES, ENFANTS, passant.

Au lever du rideau, des groupes montent à la chapelle, arrivant de divers côtés. En même temps, des écoliers festoient devant la taverne, chantant et buvant servis par des filles.

CHOEUR, devant la taverne.

CHANSON

I

Quand nous serons devenus
Goutteux, fourbus et chenus
Nous moisirons en nos gîtes.

Quand tristement nous irons
Las, résignés aux affronts,
Il sera temps d'être ermites,

Tabellions, chicanous,
Docteurs, on rira de nous
Et de nos mines confites.

Bon ! la maussade saison
Est encor lointaine !
Bon !
Verse, Madeleine !
Saute, Marion !...

II

Çà ! mordons vite aux fruits verts.
Au temps grognon des hivers
Nous prêcherons pour les autres.

Quand nous serons rebutés
Des moins sauvages beautés
On nous verra bons apôtres.

Laids, édentés et cassés,
Ce sera, lors, bien assez
De mâcher des patenôtres !

Bon ! la maussade saison
Est encor lointaine !
Bon !
Verse, Madeleine !
Saute, Marion !...

SCÈNE II

ASCANIO, COLOMBE, DAME PÉRINE, rôle muet. UN MENDIANT

Elles viennent vers la chapelle lentement. Ascanio, sa toque à la main, marche avec elles, parlant respectueusement à Colombe. Les écoliers ont cessé leur chanson et s'éloignent peu à peu.

ASCANIO.

Pardonnez-moi, mademoiselle,
D'avoir, en recevant le billet que voici,
Pu songer qu'il venait de vous peut-être,

Il montre dame Périne.

Ou d'elle.
Et que pour vous servir, vous me mandiez ici.

Hélas ! une place prise,
Pendant l'office, à vos genoux ;
L'eau bénite offerte à l'église
Ne sont pas pour créer un lien entre nous !
Je confesse ma faute et je reprends ma route.

Il va s'éloigner.

COLOMBE.

Oui, quelque autre dame, sans doute
Vous a fait tenir cet écrit.

ASCANIO, avec empressement.

Non ! un jeu d'atelier peut-être,
Quelque tour plaisant dont on rit !

COLOMBE, innocemment, avec une sorte de crainte instinctive.

Ainsi donc, monsieur, cette lettre,
Vous n'en garderez plus souci ?..

ASCANIO, heureux, légèrement.

Ah! j'ai d'autres soins, Dieu merci.

S'animant.

Savez-vous bien, mademoiselle,
Que nous serons voisins tantôt ?

COLOMBE, souriante.

Ah !

ASCANIO.

Le roi donne le Grand-Nesle
A mon maître Benvenuto.

COLOMBE.

Le Grand-Nesle, un nid de feuillage,
Un séjour paisible et charmant !

ASCANIO, la regardant avec adoration.

Et les anges du voisinage
Égayant ce recueillement !

COLOMBE, troublée.

Adieu ! car nous oublions l'heure,
Le salut sera commencé !

ASCANIO, à lui-même.

Ma lèvre rit, mon âme pleure.
Adieu mon beau rêve insensé !...

Au moment où Colombe va remonter vers la chapelle, un mendiant vieux et courbé, à cheveux blancs, s'approche.

LE MENDIANT.

La charité, ma belle dame!

ASCANIO, à Colombe.

Pauvre homme! il est vieux et tremblant!

LE MENDIANT.

Que la pitié touche votre âme!

COLOMBE, à Ascanio.

Voyez, il pleure en nous parlant.

Tous deux ont mis en même temps la main à leur escarcelle.

ASCANIO.

Mademoiselle, mon offrande
Passant par vos mains, vaudrait mieux!
Humble elle est, vous la ferez grande,
Si vous la faites pour nous deux!

COLOMBE.

Volontiers!

Se reprenant.

Mais, c'est mal peut-être
D'accepter, même pour donner,
De vous, seigneur, sans vous connaître.

ASCANIO.

Le but vous fera pardonner.

COLOMBE, avec une vivacité gracieuse.

Non! Tenez, faisons un échange :
Je donnerai pour vous, vous donnerez pour moi.

Mouvement joyeux d'Ascanio qui vient alors tout près d'elle.

LE MENDIANT, pendant qu'ils échangent leurs aumônes.

Douce âme d'ange,
Cœurs pleins d'amour, de candeur et de foi,
Émus de ma douleur et touchés de ma plainte,
Que le ciel exauce mon vœu :
Qu'il vous paye en bonheur votre charité sainte,
Mon joli couple du bon Dieu !

ASCANIO, troublé.

Hélas ! que dites-vous, brave homme ?
Nous ne sommes pas mariés !

LE MENDIANT.

Fiancés alors !

COLOMBE, riant.

Voyez comme
Il s'égare ! Dieu !

Au vieillard.

Vous riez !...

LE MENDIANT.

Pas même fiancés ! ô Seigneur ! quel dommage !

Allez, pourtant, mes chers enfants de charité ;
Votre commune aumône est comme un mariage
Confondant vos deux cœurs dans la même bonté !
L'avenir vous promet des heures fortunées.
Laissez, laissez vos mains dans la mienne s'unir !
Puisse Dieu qui m'entend lier vos destinées
Et quelque jour, bientôt, comme moi vous bénir.

COLOMBE, avec confusion.

Ah ! que dit-il ?

ASCANIO.

Ce pauvre a parlé comme un prêtre !
Dieu par sa parole, peut-être,
A consacré mon plus doux vœu !

COLOMBE et ASCANIO.

Ne nous oubliez pas, bon père,
Dans votre fervente prière,
Saint homme, qui parlez à Dieu !
Adieu, bon père, adieu !

LE MENDIANT.

Adieu !

Le mendiant s'éloigne ; les deux femmes entrent à la chapelle. Ascanio après un moment d'hésitation y pénètre après elles.

SCÈNE III

D'ESTOURVILLE, D'ORBEC.

Ils viennent entourés d'un groupe de gentilshommes brillants et bruyants formant le chœur.

LE CHŒUR.

Ah ! la plaisante audace !
Céderez-vous la place,
Mon cher, à ce croquant ?

Du Sire d'Estourville
Ira-t-on, par la ville,
Riant et se moquant ?

Dira-t-on que, sans peine,
Chacun sur son domaine
Peut planter son pennon?

Que, rendu débonnaire,
Il consent qu'on enterre
Son antique renom?

D'ESTOURVILLE, très excité.

Non! non! Mille fois non!

D'ORBEC.

Comte, l'ordre est formel. Vous céderez le Nesle.

D'ESTOURVILLE.

Je ne céderai rien à cet aventurier!

Outre.

Un artisan... un serrurier!
Pardieu, son impudence est telle
Que j'en suis à douter...

D'ORBEC.

L'ordre est au nom du roi,
Signé de l'intendant des châteaux.

D'ESTOURVILLE, énergiquement.

Je suis, moi,
Maitre au Grand-Nesle, autant que le roi maitre au Louvre!
Qu'on m'y vienne assiéger, vous verrez si je l'ouvre!

LE CHŒUR, voyant arriver Benvenuto.

Voilà l'envahisseur!

SCÈNE VI

LES MÊMES, BENVENUTO.

BENVENUTO, très gracieux, au groupe entourant d'Estourville.

Pardon, messieurs, pardon,
C'est là le Grand-Nesle?

D'ESTOURVILLE, se détachant du groupe et brusquement.

Oui!

BENVENUTO, toujours gracieux.

Comment pénètre-t-on
Dans l'hôtel?

D'ESTOURVILLE, rogue.

Eh! monsieur, personne n'y pénètre;
Personne n'y demeure, et j'en suis le seul maître!

BENVENUTO, accentuant son ton de courtoisie.

Bon!
Bon! Je n'ai pas besoin d'en savoir davantage?
Nous ferons, tous les deux, le meilleur voisinage;
A vous le Petit-Nesle, à moi le grand! Voilà
Mon titre.

D'ESTOURVILLE, toujours brusque.

Hon! Je vais examiner cela!...

Il prend le parchemin et le passe à sa ceinture sans le lire.

BENVENUTO, le regardant en face.

Examinez, monsieur. Vous avez toute une heure!

Reprenant le ton léger et ironique.

Pendant ce, je ferai le tour de ma demeure

Pour voir si, par hasard, je ne rencontre pas
Parmi les belles de la ville
La nymphe Hébé ! J'en désespère, hélas !
Tant le choix en est difficile.

Je suis votre valet!

Grand salut de Benvenuto, qui s'éloigne pendant ce qui suit, disparaît un instant au fond, puis revient et entre dans la taverne sans être remarqué.

LE CHŒUR.

Il se moque de vous !

D'ESTOURVILLE.

Je me moque de lui. Vous le verrez bien tous.

D'ORBEC.

Qui vous défendra?

D'ESTOURVILLE.

La duchesse
D'Étampes.

D'ORBEC et LES SEIGNEURS.

La reine du roi!
De son esprit elle est maitresse,
D'un mot, elle lui fait la loi!

D'ESTOURVILLE.

Elle saura m'épargner un outrage !...

C'est elle!

La duchesse arrive, en litière, masquée. La litière s'éloigne sur un geste. Scozzone paraît presque en même temps, couverte d'une grande cape qui dérobe ses traits et son costume.

SCÈNE V

LES MÊMES, LA DUCHESSE, puis SCOZZONE,
VALETS et PORTEURS.

LA DUCHESSE, à la vue de d'Estourville, ôtant son masque.

J'ai reçu, comte, votre message.
Ce que vous demandez est grave ; cependant
J'y veux songer. Entrez chez vous, en attendant,
Et restez aux aguets dans votre petit Nesle ;
Il se peut que bientôt ici je vous rappelle.
Adieu, messieurs !

Tous s'inclinent et entrent dans le Nesle, à la suite de d'Estourville.

SCÈNE VI

LA DUCHESSE, SCOZZONE.

LA DUCHESSE, fronçant le sourcil en voyant Scozzone près d'elle.

Jeanne ! Je te l'ai dit :
Qui veut me défier sûrement m'enhardit.
Tu blâmes mon projet. Pourquoi m'as-tu suivie ?
Je n'en veux pas à ton cher Florentin,
Cellini. Laisse donc s'accomplir le destin !...

SCOZZONE.

Si le roi découvrait !... Il y va de la vie
D'Ascanio !...

LA DUCHESSE.

Ne crains rien. Au reste, il n'est plus temps,
Regarde.

Ascanio a paru sur les marches de la chapelle. Elle remet son masque. Scozzone se retire vers le fond.

SCÈNE VII

LES MÊMES, ASCANIO, puis BENVENUTO.

ASCANIO, à lui-même, en venant en scène, relisant le billet.

Il ne faut pas, si ce rendez-vous cache
Un péril, être pris cependant pour un lâche!
Je veux voir.

Apercevant la duchesse masquée, qui semble l'observer.

C'est bien vous, madame, que j'attends,
Si j'en crois ce billet et l'heure qu'il indique!

A ce moment, Benvenuto est sorti de la taverne : après un moment d'examen, il descend en scène derrière la duchesse et Ascanio.

LA DUCHESSE.

Moi-même! Êtes-vous prêt à braver un danger?...

BENVENUTO.

Benvenuto, soudainement apparu et s'interposant. — Mouvement violent de la duchesse.

A Ascanio.

Madame t'interroge et c'est moi qui réplique.

A la duchesse.

Pardon! C'est moi d'abord qui veux interroger.

A la duchesse interdite.

Ma demande est étrange, insolente, insensée.
Mais avant qu'Ascanio sache votre pensée
Vous saurez la mienne. En un mot,
Il faut m'entendre, seul...

Impérieusement, sur un mouvement de révolte de la duchesse.

Je vous dis qu'il le faut!

LA DUCHESSE, *outrée.*

Monsieur!

BENVENUTO, *se remettant.*

Ni lui, ni moi, ne savons qui vous êtes.

A Ascanio.

Tu l'ignores, n'est-il pas vrai?

ASCANIO.

Sur l'honneur!

BENVENUTO.

Réfléchis. Si tu veux, tu m'arrêtes!...
Sur un signe je partirai!

ASCANIO.

Madame seule ordonne.
Qu'elle parle, j'obéirai.

LA DUCHESSE, *nerveusement.*

Allez!

ASCANIO.

A vous je m'abandonne
O maître vénéré!

Il s'éloigne.

SCÈNE VIII

BENVENUTO, LA DUCHESSE, SCOZZONE, à distance.

BENVENUTO.

Madame, il est ici deux nobles cœurs que j'aime :
L'un, Ascanio, celui-là même
Que vous venez de voir,
— Pour tout dire en un mot, c'est le fils de mon âme! —

L'autre, un très haut seigneur, dont les bienfaits, madame,
M'enseignent mon devoir!

Maitresse du plus fort, mais du plus jeune éprise,
Une femme est entre eux!

Sous le masque, elle suit sa galante entreprise,
Funeste à tous les deux!

Pour sa beauté mortelle
Combien ont succombé qu'on disait aimés d'elle,
Frappés sous son balcon, dans la nuit terrassés!

Le compte est assez long des caprices passés!

Marchant vers elle.

Et je ne veux pas, moi, qu'Ascanio meure!

LA DUCHESSE, avec violence.

Assez!

Quels droits avez-vous sur ma vie?
Que faites-vous sur mon chemin?

BENVENUTO.

Je vous épargne une folie,
Qui serait un crime demain!

LA DUCHESSE.

Ah! prenez garde!

BENVENUTO.

Est-ce la guerre?
Luttons! contre votre beauté,
Votre esprit et votre colère,
Il suffit de ma loyauté!
Luttons! Il faut savoir, en somme,
Puisque l'on en vient aux défis,
Lequel de cette femme aimée, ou de cet homme,
De cet artiste honoré que je suis,
Doit l'emporter auprès du roi François!

LA DUCHESSE, avec un mouvement d'effroi d'abord.

Silence!...

Puis, agressive.

Nommer le roi, c'est presque me nommer.
Si je crois encore à votre ignorance,
Vous pouvez prétendre à me désarmer;
Mais, songez-y bien: ce nom que je cache,
Ce nom prononcé par vous, c'est ici
Un affront sanglant; c'est ce masque qu'on m'arrache!
Ce masque arraché, c'est la lutte sans merci!

BENVENUTO.

Eh bien, je vous en conjure,
Renoncez à l'amour d'Ascanio, laissez pure
L'âme de cet enfant humble, doux et béni!...

LA DUCHESSE, *passionnément.*

Jamais !

BENVENUTO, *allant à elle, menaçant, terrible.*

Jamais ?

LA DUCHESSE.

Une menace !

Emportée.

Je me vengerai, signor Cellini !

BENVENUTO, *de même.*

Défi pour défi ! Combat face à face !

SCOZZONE, *à part, s'approchant avec effroi.*

Dieu !

BENVENUTO, *avec éclat.*

Je ne vous crains pas, duchesse d'Étampe !

LA DUCHESSE, *avec rage.*

Ah !

D'Estourville ! à moi !

Elle va vers le Nesle, dont la porte s'ouvre aussitôt, et y entre.

SCOZZONE, *à Benvenuto.*

Qu'avez-vous fait là ?...

Maître ! Elle n'oubliera jamais pareille offense.

BENVENUTO.

Que m'importe ? Va !...

L'orgue joue une sortie. Des groupes commencent à descendre de l'église. Beaucoup restent en scène, s'intéressant à ce qui suit.

SCÈNE IX

LES MÊMES, D'ESTOURVILLE, COLOMBE, DAME PÉRINE, FOULE, sortant de l'église, ENFANTS et FEMMES.

BENVENUTO, au moment de sortir, apercevant Colombe sous le porche distribuant des aumônes.

La divine enfant!

Contemplation muette de Benvenuto, suivant du regard Colombe qui vient en scène.

SCOZZONE, observant Benvenuto avec jalousie.

Ah! quelle extase en sa présence!
En vain d'un doute amer mon esprit se défend!

Oui, la voilà peut-être celle
Qui va me le ravir!

LA DUCHESSE, ressortant du Nesle avec d'Estourville, à d'Estourville.

Défendez le Grand-Nesle!
Auprès du roi vous avez mon appui.

Elle s'éloigne rapidement après un signe de discrétion à d'Estourville.

BENVENUTO, avec extase vers Colombe.

Hébé, céleste Hébé! que l'Olympe aujourd'hui
Ne te reprenne pas à nous.

Pendant ces mots de Benvenuto, les écoliers sortent de la taverne et se montrent le prévôt en riant et Colombe avec des mines admiratives. Jeu de scène très discret.

D'ESTOURVILLE, à Colombe.

Rentrez, ma fille!

BENVENUTO, à part, avec joie.

Sa fille! Au Nesle! O Dieu d'ineffable bonté!

S'interposant au moment où le prévôt va rentrer au Nesle.

Eh! monsieur le prévôt, ne passez pas la grille
De votre hôtel, sans voir un peu de ce côté!...

D'ESTOURVILLE, impertinemment et de très haut.

Ah! votre acte? C'est vrai! Pardieu, je n'en puis dire
Qu'un mot : je ne l'ai pas trouvé
Fort régulier! Voilà! n'en parlons plus!

Il déchire l'acte et le jette en morceaux devant Benvenuto.

BENVENUTO, la main à sa dague.

Mouvement très violent aussitôt contenu, à la vue de Colombe qui s'est jetée au-devant de son père et supplie Benvenuto du regard.

Messire!
Remerciez-la bien. Elle vous a sauvé
Tout simplement la vie!...

SCOZZONE.

Maître!

BENVENUTO, avec un geste de menace au prévôt.

Nous nous retrouverons!

D'ESTOURVILLE, du seuil du Nesle.

Je vous attends, messieurs les forgerons!

SCOZZONE, pendant que les écoliers entourent Benvenuto.

O saignante blessure! O sombre jalousie!
L'aime-t-il donc?... Ah! si c'est vrai,
Même au prix d'un remords, je les séparerai!

Les ouvriers, les apprentis, les élèves de Benvenuto arrivent au fond avec une charrette encombrée d'objets divers, plusieurs portant des outils, des armes.

SCÈNE X

BENVENUTO, ASCANIO, LES ÉCOLIERS, SCOZZONE; FOULE, LES OUVRIERS et LES ÉLÈVES DE BENVENUTO, puis D'ESTOURVILLE, dans le Nesle.

LES ÉLÈVES et LES OUVRIERS, aux écoliers.

Amis, bonjour!

LES ÉCOLIERS, joyeusement, serrements de mains de groupe en groupe.

Amis, la bienvenue!
Maître, nous voici tous à l'heure convenue.

BENVENUTO, qui a repris son entrain et sa belle humeur.

C'est parfait, mes enfants!

LES ÉLÈVES, l'interrogeant.

Le Grand-Nesle?

BENVENUTO.

C'est là!
Le roi nous l'a donné, mais, seulement, voilà!...
Le prévôt qui le tient ne veut pas nous le rendre.

TOUS.

Qu'allez-vous faire alors?

BENVENUTO.

Le prendre

TOUS, avec des cris et des vivats.

Bien parlé! Bien!

LES OUVRIERS et LES ÉCOLIERS, déjà animés.

Eh! gens de l'hôtel, répondez!

LES ENFANTS et LES PLUS JEUNES ÉCOLIERS, avec des cris de charivari.

D'Estourville! D'Estourville!...
Tous tes sergents à la file
Comme toi seront navrés!

BENVENUTO.

Attendez!

Il a parlé bas à Ascanio; il se fait un grand silence. Ascanio s'avance seul vers le Nesle.

ASCANIO, avec une solennité moqueuse, après un grand salut.

De par le roi, monsieur le prévôt, je vous somme
Au nom de mon maître, noble homme
Benvenuto Cellini, ciseleur,
Ayant congé royal pour occuper la place
De nous ouvrir de bonne grâce
Sinon, nous vous prendrons d'assaut!

D'ESTOURVILLE, paru au balcon, après la sommation, une arquebuse à la main.

A toi! voleur!

Il décharge son arquebuse sur les ouvriers. Cris. Mouvement d'effroi et de colère.

LES FEMMES, dans la foule.

Au meurtre! à nous!

BENVENUTO.

Allons, enfants, à l'escalade!
Il paiera cher cette bravade,
Armez-vous comme vous pourrez!

Cris. Femmes, Écoliers, Enfants.

ÉCOLIERS, ENFANTS.

D'Estourville !... D'Estourville
Tous tes sergents à la file
Comme toi, seront navrés !

ENSEMBLE.

Amis, sus ! forçons la porte
Et que le grand diable emporte
Le prévôt avec ses gens !
Oui, plaie et bosse, bataille !
Armons-nous, vaille que vaille !
Tout est bon aux assiégeants :
Nos marteaux seront des masses,
Et nous aurons pour cuirasses
Nos plaques de fin métal !
Le prévôt est bien malade !
A l'assaut ! à l'escalade !
Enfonçons son arsenal !

Tout le monde s'est armé de son mieux suivant les ordres de Benvenuto. Après l'ensemble, mouvement général vers le Nesle. Sur ce mouvement, le rideau tombe rapidement.

ACTE DEUXIÈME

Troisième tableau.

L'atelier de Benvenuto au Grand-Nesle. Le fond de la pièce est éclairé par une large ouverture laissant voir une terrasse du petit Nesle praticable dominant les jardins en fleurs. A droite, porte conduisant à la fonderie. Sur une selle à modeler, une statuette d'argile soigneusement couverte de linges. Au pied de la selle, pains d'argile. A gauche, une châsse d'orfèvrerie que les ouvriers achèvent de monter. Cette châsse s'ouvre largement. A l'arrière-plan, à droite et à gauche, entrées latérales. Ascanio est en scène, travaillant confondu parmi les ouvriers. On ne l'aperçoit qu'à la fin de la scène.

SCÈNE PREMIÈRE

PAGOLO, SCOZZONE, ASCANIO, OUVRIERS, ÉLÈVES, APPRENTIS.

Pagolo est dans la châsse, à demi couché, vissant quelques dernières pièces.

LE CHŒUR.

OUVRIERS et APPRENTIS.

Frappe! cogne! Marteaux, sonnez dans notre main !
Hâtons-nous! car le maître a promis que demain
L'œuvre serait terminée.

SCOZZONE, *entrant.*

A qui la châsse d'or est-elle destinée ?

OUVRIERS et APPRENTIS.

Aux Ursulines de Paris.

Ils entourent Scozzone, qui, en passant, donne quelque attention inquiète à la statuette voilée.

PAGOLO.

Eh ! là, les apprentis,
Un peu plus de courage !
N'écoutez pas Scozzone et finissons l'ouvrage.

SCOZZONE, *au milieu des groupes. Gaieté excessive dissimulant sa préoccupation.*

CHANSON

I

La, la, la, la !
Fiorentinelle !
Florentina !

Eh ! qui m'appelle ?
En sentinelle
Qui est donc là ?

Nez en l'air, entre deux bornes,
C'est le seigneur podestat !
La lune lui fait les cornes
A le voir en tel état !

Les yeux en boule,
Il me roucoule
Une chanson
De sa façon :

» Ah! belle, belle
» Fiorentinelle,
» Fiorentina!
» Ah! »

II

— Fier galant à barbe grise,
Chantez, chantez, moi je ris
Sachant la belle surprise
Qui vous attend au logis.

Courez! Madame
Toute de flamme,
Charme le temps
A vos dépens!

» Ah! la cruelle
» Fiorentinelle!
» Fiorentina!
» Ah! »

Effaré, cognant les bornes
Fuit le seigneur podestat.
La lune lui fait les cornes
A le voir en tel état!

« Fiorentinelle! Fiorentina!
» Ah! cruda, cruda
» Fiorentina! »

Elle se tait. — Court silence.

LES APPRENTIS et LES ÉLÈVES, l'entourant.

Pourquoi vous taisez-vous? Quand vous chantez, Scozzone,
A nos yeux tout à coup rayonne
Le ciel italien si riant et si doux!
Pourquoi vous taisez-vous?

Paraît à droite Benvenuto, accompagnant un gentilhomme de haute mine, sévèrement vêtu à l'espagnole. Il le conduit cérémonieusement jusqu'au seuil et sort avec lui. Tout mouvement s'est arrêté pendant ce jeu de scène. Les ouvriers suivent curieusement Benvenuto à distance et disparaissent avec lui. Scozzone s'est retirée. Ascanio demeure seul, rêveur, regardant vers les jardins du Petit-Nesle.

SCÈNE II

LES MÊMES, BENVENUTO.

ASCANIO.

Dans le jardin plein de roses
A l'ombre des noires tours
Là-bas passent mes amours!

Espérances, fleurs écloses
D'un rayon de ses beaux yeux,
Parfumez mon cœur joyeux!

Proche est l'heure désirée,
O ma Colombe adorée!
Et mon âme est préparée
A tous les combats pour te conquérir!
Mon amour ne peut plus ni grandir ni mourir!

D'un rayon de ses beaux yeux
Emplissez mon cœur joyeux,
Espérances, fleurs écloses !

A l'ombre des noires tours
Là-bas passent mes amours
Dans le jardin plein de roses !

BENVENUTO, reparaît, entouré de ses élèves.

L'empereur Charles-Quint, arrivé ce matin,
Auprès de lui déjà me mande.
Mais j'appartiens au roi; que l'empereur attende !

Aux ouvriers qui lui montrent la châsse et ses garnitures déjà disposées.

La reine donne aussi le tapis de satin
Où dormira la sainte...

En scène.

Allez ! l'œuvre est plus grande
Qui nous réclame tous ! — Préparez le métal
Pour notre Jupiter, superbe, triomphal !
Si la mort ne m'arrête,
Si vous restez vaillants, le triomphe est certain !...

A lui-même.

Ah ! qu'un plus cher objet cependant m'inquiète !

Après un temps.

Laissez-moi seul.

Tous s'éloignent. Voyant que Pagolo paraît vouloir rester. — Plus impérieusement.

Laissez-moi seul !

Tous sortent.

SCÈNE III

BENVENUTO, seul.

Après un instant de contemplation muette.

Ah ! le destin
Doit-il réaliser mon rêve ?

Il va s'assurer que les portes sont closes et ferme complètement les tentures.

O vision, qui fais l'heure si brève
Vas-tu tarder encor ?

Regardant au dehors. — Des rumeurs vagues viennent du côté du Petit-Nesle.

Que se passe-t-il donc au Nesle ?
Ces serviteurs ! Ces gens empressés !

Une pause.

Viendra-t-elle ?
O mon divin modèle,
Vais-je te voir glisser dans la lumière d'or ?

Colombe paraît au fond, passant lentement sur la terrasse. Elle vient, pendant ce qui suit, s'accouder rêveuse à la balustrade. — Vivement.

O fortune ! Elle vient !

Avec ardeur.

Avare, à ton trésor !

Symphonie pendant laquelle Benvenuto a défait lentement les linges couvrant la statuette. Puis il se met à travailler entremêlant son travail fiévreux de lentes contemplations. — Colombe sur la terrasse chante.

COLOMBE, à distance.

BALLADE

Mon cœur est sous la pierre
Où nous l'avons scellé
Quand tu t'en es allé !

Dans cette ombre il espère
Il espère le jour
De ton retour!

Et seule ta voix chère
Peut finir son tourment
En un moment.

Rompant toute barrière
Vers toi dans la lumière
Le captif rappelé
Bien vite aura volé.

Mon cœur est sous la pierre
Où nous l'avons scellé.

BENVENUTO.

O douce Hébé, candeur, jeunesse.
Idéale maitresse,
Ravis mon âme jusqu'aux cieux!
. . . .

La voilà, mortelle et céleste!
Ah! reste ainsi, par pitié, reste,
Charme mon cœur, emplis mes yeux!

Grandis sous ma main frémissante;
De l'humble argile sors vivante,
Ma muse, mon amour, ma foi!

Brûle-moi, flamme du génie!
Soutiens-moi, tendresse bénie!
Souffle divin, emporte-moi!

Il reprend son travail.

Chaste vierge, ah! je te possède
Je ne veux plus te dire adieu.
Exauce-moi, viens à mon aide,
Je suis un homme, fais-moi Dieu!

Un mouvement léger se fait vers le fond.

Qui vient?

Il voile rapidement la figure d'argile. — Colombe a disparu. — En même temps paraît Scozzone, souriante.

SCÈNE IV

BENVENUTO, SCOZZONE.

BENVENUTO, *de mauvaise humeur, brusque.*

Que me veux-tu?

SCOZZONE, *doucement.*

Peut-être
Ami, comme jadis, voudrez-vous me permettre,
Muette, de m'asseoir, là, devant vous ainsi.

Montrant la statuette.

Et de voir...

BENVENUTO.

Non! Scozzone, laisse.
Défends qu'on m'importune; il ne me faut ici
Qu'Hébé.

SCOZZONE, *vivement, déjà agressive.*

Ta nymphe, ta déesse!
Celle que tu cherchais!

BENVENUTO, simplement.

Ne le savais-tu pas?

SCOZZONE, avec une passion qu'elle ne peut contenir.

Tu l'as trouvée! Hélas!
Une fleur de jeunesse!
Un trésor de beauté!
Ah! montre-la-moi donc cette divinité!

BENVENUTO.

Non!

SCOZZONE.

Amoureux!

BENVENUTO.

Jalouse!

SCOZZONE.

Oui, si tu me refuses!

BENVENUTO.

Non! dis-je. Laisse-moi. Va-t'en!

SCOZZONE.

Ah! je connais toutes tes ruses
Et je sais le sort qui m'attend!
Ingrat, voilà donc tes promesses!

BENVENUTO, se contenant à peine.

Scozzone, ne m'irritez pas!

SCOZZONE.

Pour avoir connu trop d'ivresses
Ton cœur est las!

Avec une ironie furieuse.

Va! Tu peux voiler cette image,
Tu peux m'en dérober les traits!
Je saurai sans voir son visage
Pénétrer tes secrets!
Va! couvre-la d'un voile épais,
Je sais son nom et qu'elle est belle
Celle-là pour qui tu m'es infidèle,
Mais nous ne sommes pas quittes encor tous deux!

BENVENUTO, *violent.*

Que dis-tu, malheureuse?

SCOZZONE, *de même.*

Eh! c'est toi qui le veux!

BENVENUTO, *hors de lui, lui montrant la porte.*

Épargne-moi tes pleurs!

SCOZZONE, *avec menace, du seuil.*

Garde bien ta maitresse!

Elle disparait.

BENVENUTO, *soudain calme, avec pitié et lentement.*

La pauvre âme! Elle souffre! Oui, j'ai trop de rudesse!
D'un mot son repos est détruit,
Je lui pouvais épargner cette peine.
O triste joie humaine
Faite toujours, hélas! de la douleur d'autrui!

SCÈNE V

BENVENUTO, ASCANIO

On frappe légèrement à la porte de l'atelier. Aussitôt Ascanio paraît.

ASCANIO, lui présentant un pli scellé.

Un message du roi!

BENVENUTO, prenant la lettre et la gardant sans l'ouvrir.
Avec empressement.

Viens, ami. Ma pensée
T'appelait. Tu liras dans mon âme blessée!

Un divin mais fol amour
Est dans cette âme!
Il me torture, il m'enflamme
Il me ravit tour à tour!
C'est un rêve de poète,
Charme et danger.
Ma raison reste muette
Quand je veux l'interroger.
L'Hébé que je cherchais, la pureté rêvée
Miraculeusement trouvée
M'a pris le cœur à tout jamais!

Je croyais l'admirer seulement; je l'aimais!

ASCANIO, toujours souriant et heureux.

Quelle femme ne serait fière,
Maître, de s'attacher à vous,
De conquérir votre âme altière,

De vous fixer à ses genoux!
Aimez, soyez heureux!

BENVENUTO, l'embrassant.

Ah! sois bénie,
Voix consolante, voix amie!
Celle que j'aime, connais-la!
Sois le premier pour qui ce voile tombe.
Ma reine, ma beauté, ma muse...

Montrant la statuette, relevant le voile qui la cache.

La voilà!

ASCANIO, terrifié, étouffant un cri, à part.

Colombe!

A Benvenuto, d'une voix entrecoupée, égarée, avec un sourire fou.

La fille du prévôt... n'est-ce pas?... Elle!... là!...

Benvenuto fait un signe joyeux d'affirmation.

ASCANIO, s'éloignant, à part.

O douleur! Mortelle confidence!
Il l'aimait! L'avenir m'est fermé!
Contre tous m'eût armé ma vaillance;
Contre lui je me sens désarmé!
Il est là, mon bienfaiteur, mon père,
Il est là, radieux et vainqueur!
Je ne puis que m'incliner, me taire
Et pleurer, dans le deuil de mon cœur!

BENVENUTO, avec une exaltation de bonheur.

O beauté, j'ai compris ta puissance!
On n'est fort qu'après avoir aimé.
Sois le but de ma jeune espérance,
Paradis que je croyais fermé!

Art divin, tu m'as livré la terre,
Des plus grands tu m'as fait le vainqueur.
Pur amour, que je ne veux plus taire,
A ton tour mets ta force en mon cœur!

A la fin de l'ensemble, une musique dissonante éclate, venant du jardin du Petit-Nesle. Entrent aussitôt la plupart des élèves ainsi que Scozzone se groupant et regardant en riant du côté d'où vient le concert.

BENVENUTO.

Qu'est-ce donc?

SCÈNE VI

LES MÊMES, SCOZZONE, LA PLUPART DES ÉLÈVES, *y compris* PAGOLO.

LES ÉLÈVES, *tout en riant.*

Une symphonie!

BENVENUTO, *surpris.*

Dans le Nesle!

SCOZZONE, *le regardant bien en face, lentement et malignement.*

Une aubade!... une galanterie
D'un seigneur à sa belle!

Avec une intention plus marquée.

Ah! fort triste moment...

Tout près de lui, d'un ton incisif.

Pour bien des amoureux! — La duchesse marie.
Hébé, notre voisine.

BENVENUTO, avec éclat, à Ascanio.

Elle est folle! Elle ment!

SCOZZONE, tranquillement, cruelle.

Non! j'apprends à l'instant ce bruit qui court la ville:
Le comte d'Orbec et Colombe d'Estourville
S'épousent dans huit jours

BENVENUTO, hors de lui, frappant du poing.

Jamais, cela, jamais!

SCOZZONE, à ses côtés.

Ah! tu vois bien que tu l'aimais.

Mouvement violent de Benvenuto, qu'elle brave du regard.

ASCANIO, douloureusement, à part comme anéanti.

Colombe!

BENVENUTO, se remettant, mais très fiévreux, d'une voix saccadée.

Ils ont compté sans moi, par le ciel! Mais
Je vais parler au roi... lui dire... Ah! cette lettre!
J'oubliais! .. Oui... Le roi m'attend peut-être!

Reprenant la lettre qu'il ouvre rapidement. A Ascanio avec confiance.

Tout est bien, tu verras!...

Il lit, puis tout à coup.

Ah! l'infâme action!

Répétant les mots pesamment.

« Cellini peut rester en France
» A mon service, mais pour une grave offense
» Qui m'a blessé dans ma plus chère affection.
» Je le bannis de ma présence! »

Avec un cri de fureur.

La duchesse d'Étampes!... oui, c'est elle!...

SCOZZONE, bas, mais avec intention.

A ce trait
Vous n'en sauriez douter, je pense !

D'une voix pénétrante.

Je vous l'avais bien dit qu'elle se vengerait !

BENVENUTO, prenant à la hâte ses armes, son manteau.

Ah ! vraiment, on m'insulte, on me raille!
Ah! le roi maintenant me bannit!
Mort et sang!

A Ascanio.

Non non! Tout n'est pas dit!

Avec bravade.

Je ne suis pas sujet du roi ! — Bataille.
Puisqu'on le veut!

Le poing tendu vers le Petit-Nesle.

D'Orbec, pâle coquin,
A nous deux ! Tu vas voir que tu n'es pas de taille !

ASCANIO et PAGOLO.

Où donc allez-vous ?

BENVENUTO.

Chez l'empereur Charles-Quint !

Il sort violemment.

Tableau.

Quatrième tableau.

Au Louvre. Petite salle précédant une grande galerie un peu surélevée Au fond, réunion brillante de gentilshommes et de dames, causant par groupes. Parmi eux, d'Estourville, d'Orbec. Au premier plan, la duchesse à demi étendue sur une ottomane Le roi près d'elle.

SCÈNE PREMIÈRE

GENTILSHOMMES, DAMES, D'ESTOURVILLE. D'ORBEC, groupés à distance, LA DUCHESSE, LE ROI.

LE ROI, à la duchesse, tendrement.

Je suis votre féal! Êtes-vous satisfaite?
Ce pauvre Cellini!
De l'offense qu'il vous a faite
Le trouvez-vous assez puni?

LA DUCHESSE, languissamment, le regardant, puis lui tendant la main.

Oui... vous m'aimez toujours!

LE ROI, baisant la main de la duchesse.

Adieu, beauté, ma mie,
Ma vie!
Quand je suis près de vous,
L'aurore fraiche éclose,
Plus rose,
A des rayons plus doux!

Et s'il faut que je quitte
Le gite
Où Vénus m'a conduit.
Je vois sur moi descendre,
S'étendre
La noirceur de la nuit!

Je souffre mort cruelle,
Ma belle,
Quand je suis loin de vous!
Mais, gai, je ressuscite,
Bien vite
De mon trésor jaloux!

Amour à la rescousse
Me pousse,
Quand je suis près de vous.

LA DUCHESSE, *avec un sentiment de tendre flatterie.*

L'instant qui nous sépare,
O mon roi, vous prépare
A de nobles travaux.
Si l'absence m'est dure,
D'un cœur fier je l'endure,
Rêvant d'exploits nouveaux;
Et l'heure qui vous presse
Quand vous quittez mon seuil,
Cruelle à ma tendresse
Est douce à mon orgueil!

LE ROI.

La raison nous sépare
De doux loisirs avare

Prodigue de travaux
Ah! que le jour me dure!
L'absence que j'endure
Est le pire des maux!
A l'instant qui me presse
De quitter votre seuil,
Je sens mieux ma tendresse,
Je hais mieux mon orgueil!

LA DUCHESSE.

Adieu!... Puis .. maintenant que vous m'avez vengée
De l'impudent qui m'avait outragée
Songez que vous allez tenir votre ennemi,
L'empereur Charles-Quint, sur la terre de France.
Gardez-l'y prisonnier. Il est sans défiance.
Prévenez le réveil du trompeur endormi!
A trompeur, trompeur et demi!

LE ROI, lui baisant la main et évasivement.

Bon conseil!

Aux seigneurs venus en scène durant ce qui précède.

Nous fêtons mon bon frère d'Espagne
Dans trois jours, messieurs, à Fontainebleau.
Toute la cour nous accompagne
Nous aurons un ballet et des joutes sur l'eau!

Il sort avec la duchesse. Tous suivent et disparaissent. Presque aussitôt, Ascanio conduit par un officier qui le fait entrer et se retire, s'avance avec hésitation.

SCÈNE II

ASCANIO, seul.

Quelle folle chimère
Me tient à sa merci? Que faut-il que j'espère?

Une force pourtant m'entraine... malgré moi.
Je voudrais disputer à tous, fût-ce à mon maître,
Celle que j'aime... O Dieu! je vais la voir peut-être,
O douloureux émoi!...

SCÈNE III

ASCANIO, LA DUCHESSE.

LA DUCHESSE, souriante.

Vous? Ascanio!

L'appelant près d'elle.

Venez!

ASCANIO.

J'ai fait pour vous, madame,
Le bijou commandé... votre lis!

Il lui présente un écrin ouvert d'où il tire un lis de pierreries qu'elle prend aussitôt.

LA DUCHESSE.

C'est vraiment
Une merveille! Et ce beau diamant
Lui met au cœur une attirante flamme!
Vous excellez en cet art précieux.

Avec beaucoup de séduction.

Parlez! Demandez-moi pour prix, pour récompense
Tout ce que peut rêver la plus haute espérance
Et ne craignez pas d'être ambitieux.

ASCANIO, *sans comprendre.*

Ambitieux ? Je le suis trop sans doute.

LA DUCHESSE, *près de lui, charmée.*

Que voulez-vous dire ? J'écoute.

ASCANIO, *timidement, mélancoliquement.*

J'ai fait un rêve enchanteur,
Et menteur.
J'aime... C'est une chimère !
Et pourtant
Malgré moi, mon cœur attend,
Il espère !
Le but est toujours si haut
Où j'aspire !
Mon sort n'est pas en mon pouvoir.
Mieux vaut, aimant sans espoir,
Ne rien dire !

LA DUCHESSE, *radieuse.*

Ah ! parlez !

ASCANIO.

Je suis noble !... hélas !
Cela ne suffit pas !
Je suis pauvre, obscur... Oserais-je
Confesser mon tourment ?

LA DUCHESSE, *avec une passion débordante.*

Quand l'amour vous protège,
Que redouteriez-vous ? Parlez !

Il la regarde d'un air un peu troublé.

Parlez ! On saura vous comprendre.
Il est si doux de les entendre
Ces aveux d'un cœur fier tendrement exhalés !

Il est si bon de se l'entendre dire
Ce mot qu'un bien-aimé soupire
En tremblant, dans l'ombre, à genoux !
Ah ! parlez ! Qui donc aimez-vous ?

ASCANIO, simplement, les yeux sur elle.

J'adore un ange pur [illegible] ux.

LA DUCHESSE, très frappée.

Que dites-vous ?

Pendant ce qui précède, les groupes de la première scène sont revenus au fond. Colombe est près de son père qui lui montre la duchesse. Colombe vient en scène.

ASCANIO, l'apercevant, à part.

Ah ! Colombe !

LA DUCHESSE, de même à part.

A sa vue
Il s'est troublé ! C'est elle !...

SCÈNE IV

LES MÊMES, COLOMBE

LA DUCHESSE, nerveusement, à Colombe.

Ah ! vous voilà venue
A propos, mon enfant ! Dites-moi votre avis !

COLOMBE, timidement.

Madame !...

LA DUCHESSE.

N'est-ce pas, ma chère, que ce lis
Fera bien dans votre parure
Le jour prochain où... je vous marierai ?

Prenant le bouquet que porte Colombe.

Vous en avez un là dont la fleur fraîche et pure
Ne vaut pas celui-ci... que je vous offrirai...

Tout à coup.

Le seigneur Ascanio, qu'en pense-t-il ?

Trouble d'Ascanio et de Colombe. — Avec haine.

C'est elle !

ASCANIO, après un temps, regardant la duchesse qui semble le provoquer. — Bravement, montrant tour à tour les deux lis. — Avec une sorte de sentiment religieux.

Ah ! cette fleur peut être belle !
Mais comme celle-ci vaut mieux,
Éclose d'un rayon des cieux !

Il prend la fleur.

Perle et diamants, lumière,
Dont l'ouvrier s'est fait un jeu !
Cela n'est rien !

Regardant Colombe.

O fleur sincère.
O chef-d'œuvre de Dieu !
C'est toi que je préfère !

Il va pour présenter le lis à Colombe, de plus en plus émue. — La duchesse s'interpose et reprend la fleur.

LA DUCHESSE, d'elle à lui ; le regardant avec passion.

Insensé !
N'avez-vous pas compris ? Êtes-vous donc passé
Sans voir et sans entendre ?

COLOMBE.

Madame! mon beau lis, voulez-vous me le rendre ?

LA DUCHESSE, fiévreuse, arrachant comme machinalement les pétales du lis.

Effeuillé! C'est fatal! La candeur! La vertu!
A la cour si l'on doit vivre,
De ces façons, il faut qu'on se délivre!
Un vrais lis d'innocence est bientôt abattu!

Elle s'est adressée aussi bien à Colombe qu'à Ascanio, emportée qu'elle est par un mouvement de colère irrésistible.

COLOMBE, la regardant.

Je ne vous comprends pas!

LA DUCHESSE.

Vous comprendrez, j'espère,
Bientôt, quand vous serez mariée...

ASCANIO, entraîné.

Ah! me taire,
Je ne le puis!
Mon secret, trop longtemps contenu, je le dis!

A Colombe.

Oui, pour vous, chaste et candide,
Pour vous, sans soutien, sans guide,
Il est ici plus d'un mortel danger.

Mais s'il faut, pour vous protéger,
Un cœur loyal et sans faiblesse,
Une sainte et noble tendresse,
Oublieux de toutes les lois
Et de tous les respects, oublieux de moi-même,
Je vous le dis ici pour la première fois:
Ma vie est à vous... Je vous aime!
Malheur à qui se mettrait entre nous!

LA DUCHESSE, *folle de colère.*

Ah! c'est là, monsieur, un sanglant outrage!

COLOMBE, *radieuse.*

Un fier, un généreux langage!

LA DUCHESSE, *durement.*

Vous voilà déjà bien hardie! Oubliez-vous
Qu'à moi seule appartient le choix de votre époux?

COLOMBE.

En ce péril suprême,
Ascanio vient de m'engager sa foi!
Je me consacre à qui se donne à moi.

Tendant la main à Ascanio.

Ma vie est à vous. Je vous aime!
Je me consacre à qui se donne à moi!

ASCANIO et COLOMBE, *de l'un à l'autre s'isolant.*

Que mon âme ravie
Vous demeure asservie
Et vivons notre vie
Des méchants oubliés.
Nul effort, nulle haine
Ne rompra cette chaine
Dont nous sommes liés.

LA DUCHESSE, *à part.*

Vengeance, ardente flamme,
Embrase tout mon cœur!
Livre un jour cette femme
A mon courroux vainqueur!

Rideau de manœuvre, rapidement sur la fin de l'ensemble.

ACTE TROISIÈME

Cinquième tableau.

FÊTE A FONTAINEBLEAU

Dans le jardin des Buis, décoré pour une fête royale. A droite et à gauche de la scène, terrasses peu élevées dont le mur d'appui est entièrement tapissé de verdure. Sur la terrasse de droite, estrade royale et tribunes; sur la terrasse de gauche, autres tribunes, bancs et sièges. On accède de chaque côté aux terrasses par un escalier central. Face au public, au premier plan, les terrasses formant angle droit avec escalier se perdant dans la coulisse. Au pied de l'escalier à angle droit, de chaque côté de la scène, hallebardiers. Toute la partie entre les deux terrasses est réservée aux évolutions du ballet. Au fond, une pièce d'eau en contre-haut. La pièce d'eau déverse son trop-plein dans un réservoir. A droite et à gauche de la pièce d'eau s'élèvent deux portiques faisant partie de la décoration installée pour la fête. Ces portiques sont soutenus par des cariatides égyptiennes et surmontés de trois groupes d'enfants. Le groupe central tient un casque et des armes; les groupes latéraux portent les uns la lettre royale F, les autres la lettre impériale K. Dans le tympan, au-dessus du groupe central, d'une part, la salamandre de François Ier, de l'autre, les armes d'Autriche et d'Espagne.

Au fond, au delà de la pièce d'eau, la forêt ensoleillée. La partie de la scène entre les deux terrasses est couverte d'une tente de soie armoriée. Les terrasses sont bornées latéralement par de hautes charmilles, des arbres, des fleurs. La verdure qui tapisse les murs des terrasses est une haie de vieux buis curieusement taillés. Double aspect d'un jardin royal, soigné dans le goût du XVIe siècle, et d'une forêt formant parc, avec des frondaisons puissantes, et les clairières au loin semées de roches grises.

SCÈNE PREMIÈRE

FRANÇOIS Ier, CHARLES-QUINT, LA DUCHESSE D'ÉTAMPES, SCOZZONE, avec elle; COLOMBE, BENVENUTO, ASCANIO, D'ESTOURVILLE, D'ORBEC, SEIGNEURS, DAMES, GARDES.

Marche.

Les deux souverains arrivés en scène avec leur suite par les deux entrées indiquées précédemment se rencontrent au centre et s'embrassent pendant les vivats du chœur. « Gloire au roi François, gloire à l'empereur! » Pendant cette entrée, la duchesse d'Étampes aperçoit Benvenuto souriant et railleur au premier rang des capitaines espagnols de la suite de Charles-Quint. Ascanio est près de Benvenuto. La duchesse le montre au roi et lui parle avec animation. Le roi fait un mouvement, puis se contenant :

LE ROI, à Charles-Quint.

Pardonnez-moi, mon frère,
Je parlerai franchement,
Je vous laisse fort librement
Passer en France, sur ma terre,
Pour aller châtier vos Gantois révoltés,
Cependant que je vois, debout à vos côtés,

Montrant Benvenuto.

Un mutin, grâce à vous riant de ma colère!

CHARLES-QUINT, avec une simplicité un peu ironique.

J'ai recueilli selon mon droit,
Comme un trésor qu'on m'abandonne
Un fleuron que vous avez, roi,
Détaché de votre couronne!

Montrant Benvenuto.

Ce noble artiste que j'aimais,
Que je vous disputai naguère,
Il est à moi. Puisse jamais
Ne surgir entre nous d'autre sujet de guerre!
Jaloux tous deux de ses brillants travaux
Nous resterons amis en devenant rivaux!

LE ROI, *un peu agressif.*

Si vous y tenez, certe,
Je puis vous le laisser... sans me passer de lui.

CHARLES-QUINT, *lentement, l'observant.*

Oui, sans doute, — en nous gardant aujourd'hui,
Ensemble prisonniers.

Froidement.

Si votre âme est ouverte
A de pareils desseins, mon frère, par ma foi,
Suivez-les.

BENVENUTO, *s'avançant tout à coup, et fléchissant le genou devant le roi.*

Sire, écoutez-moi!

Mon humble personne vaut-elle,
Entre deux rois si grands, l'ombre d'une querelle?

Au roi.

Non! Je ne suis mutin, Sire, ni révolté,
Hélas! c'est vous qui m'avez rejeté.

Avec élan.

Pardonner est d'un roi! Sire! un pacte! une trêve!
Ah! permettez que mon œuvre s'achève...
Et dans trois jours j'aurai fondu le Jupiter!

LE ROI.

Dans trois jours!...

BENVENUTO.

Ce projet superbe vous est cher

LA DUCHESSE.

C'est un rêve insensé!

BENVENUTO.

Pour racheter ma faute,
Laissez-moi l'accomplir...

LE ROI.

La faveur la plus haute
Si tu peux réussir!...

BENVENUTO.

La faveur la plus haute!...
Me l'accorderez-vous?...

LE ROI.

Toi-même choisiras!...

BENVENUTO, au roi.

Je suis à vos genoux.

LA DUCHESSE, à Scozzone.

Laisse-le triompher. Va, la revanche est prête.

Au roi.

Sire, vous êtes grand, maintenant soyez bon,
Et faites deux heureux pour finir cette fête!
Du vicomte d'Orbec approuvez l'union
Avec Colombe d'Estourville!

Mouvement en sens divers.

ASCANIO, COLOMBE et BENVENUTO.

Grands Dieux!

LE ROI, vers Colombe.

Charmante enfant!

A la duchesse.

Ah! de grand cœur!

Prenant la main de Colombe et appelant d'Orbec auprès de lui.

Sa main

Dans la vôtre, d'Orbec!

BENVENUTO, à Ascanio avec une ironie furieuse.

Accord bien inutile

Que je romprai.

LE ROI, à la duchesse et à d'Estourville.

Quand les mariez-vous ?

LA DUCHESSE, regardant tour à tour Ascanio et Benvenuto.

Demain!

BENVENUTO, frappé.

Demain! quand il me faut trois jours! Demain! demain!

Il prend la main d'Ascanio, puis se remet peu à peu. Pendant ce temps, le roi revient à Charles-Quint et lui tend la main. Les deux cœurs les entourent. Ascanio, Benvenuto Colombe, la duchesse, Scozzone se groupent isolément. D'Estourville et d'Orbec sont au nombre des gentilshommes français acclamant les deux rois.

LE ROI, à Charles-Quint.

Allez, mon frère; allez en confiance;
Rien ne prévaut contre ma loyauté.
Soyez chez vous sur la terre de France,
N'y craignez rien pour votre liberté!
Allez, comptez de nouvelles victoires,
De vos exploits je ne suis pas jaloux.

Montrant Benvenuto.

Vous me laissez de triomphantes gloires,
Et l'art divin me fait grand comme vous!

CHARLES-QUINT.

Adieu, mon frère ! En toute confiance,
Je m'en remets à votre loyauté.
En notre cœur, sur la terre de France,
Meure à jamais toute rivalité !
Je puis compter victoire sur victoire,
De vos grandeurs je resterai jaloux.
Un seul revers peut éclipser ma gloire,
Quand l'avenir ne peut rien contre vous !

ASCANIO, COLOMBE, avec douleur.

Demain ! demain ! O fragile espérance,
Rêve trompeur, sombre réalité !
Rien ne saurait apaiser ma souffrance !
C'est vainement que nous avons lutté !
A tout jamais fuyez dans l'ombre noire,
Spectre charmant au regard triste et doux.
Tout nous trahit ! A quoi pourrions-nous croire
Le monde entier n'est-il pas contre nous !

BENVENUTO, avec ardeur.

Demain ? Non ! non ! J'ai gardé la puissance
Que donne au cœur le courage indompté :
Oui, c'en est fait de toute résistance,
De par ma force et par ma volonté !
Je veux toujours espérer, je veux croire
A l'avenir pur, consolant et doux ;
Je forcerai, s'il le faut, la victoire !
Je briserai tout obstacle entre nous !

LA DUCHESSE.

Enfin, voici l'heure de la vengeance !
Va, contre nous, en vain ils ont lutté.

Morte à jamais leur fragile espérance
Nous renaissons à la réalité!
Voici venir la certaine victoire
Enfin promise à notre cœur jaloux.
A l'avenir maintenant tu peux croire.
Nous briserons qui se met contre nous!

SCOZZONE.

Enfin, voici l'heure de la vengeance!
Oui, contre nous, en vain, ils ont lutté
Morte à jamais leur fragile espérance,
Nous renaissons à la réalité!
Voici venir la certaine victoire
Enfin promise à notre cœur jaloux.
A l'avenir maintenant je peux croire.
Nons briserons qui se met contre nous!

LE CHŒUR.

GENTILSHOMMES et DAMES acclamant les deux rois.

Gloire aux deux rois! Vivat! Espagne et France!
Double splendeur et double majesté!
Féconde paix, amicale alliance!
Plus de combats, plus de rivalité!
Comptez, ô rois, victoires sur victoires,
De votre honneur vos peuples sont jaloux.
Nous saluons vos fraternelles gloires
Et l'avenir rayonnant est à vous!

A la fin de cette scène, le roi et l'empereur montent ensemble à la tribune royale et y prennent place l'un à côté de l'autre. — Les personnages de leur suite se groupent autour d'eux. — Le Maître des Jeux s'avance, s'incline profondément et sur un geste du roi, donne le signal des divertissements.

SCÈNE II

LES MÊMES, LE MAITRE DES JEUX, PERSONNAGES ALLÉGORIQUES.

DIVERTISSEMENT

FÊTE DANS LE JARDIN DES BUIS

Sur un signal du Maître des Jeux, un rideau de fleurs et de verdure, manœuvré par des enfants vêtus en bouffons, s'ouvre au fond, laissant voir LA NYMPHE DE FONTAINEBLEAU endormie.

I. — Elle s'éveille et glissant sur l'eau, elle vient s'incliner devant les tribunes, annonçant au roi qu'elle est ici à son service et qu'elle y va évoquer pour lui et ses hôtes les dieux et les déesses qu'il aime.

II. — ÉVOCATION ET APPARITION DES DIEUX ET DÉESSES. Paraissent : VÉNUS, JUNON et PALLAS.

III. — DIANE conduisant les NYMPHES, NAÏADES et DRYADES.

IV. — BACCHUS et les BACCHANTES, NICŒA et ÉRIGONE.

V. — PHŒBUS-APOLLON avec les MUSES.

VI. — PHŒBUS-APOLLON prend la lyre; il annonce la venue du dieu des dieux, l'AMOUR. — Apparition de l'AMOUR sous la figure d'une femme. — A sa vue tout s'anime dans l'Olympe. — Danses et jeux de scène : L'AMOUR poursuivi, toujours insaisissable, se moquant des dieux et des hommes et jouant avec PHŒBUS dont il éteint le flambeau. — Sous les voiles de la NUIT, il veut faire voir au roi qu'AMOUR se prend à d'autres beautés que celles du corps, qu'il est épris encore des charmes de l'âme.

VII. — Il fait apparaître PSYCHÉ. — Il lui parle caché sous le voile étoilé de la NUIT et la séduit par ses seules paroles. — Scène entre l'AMOUR et PSYCHÉ. L'AMOUR s'endort; PSYCHÉ veut le connaître. soulève le voile et le contemple dans son sommeil. Disparition de l'AMOUR irrité. — Douleur de PSYCHÉ.

VIII. — Ensemble : PHOEBUS, DIANE, ÉRIGONE, NICOEA, BACCHUS avec les MUSES, les NYMPHES et les BACCHANTES.

IX. — L'AMOUR reparaît parmi les dieux. Variations.

X. — Un page aux armes du roi, personnifiant le Dragon du jardin des Hespérides, apporte la pomme d'or. — JUNON, PALLAS et VÉNUS se la disputent devant les dieux. La NYMPHE DE FONTAINEBLEAU l'offre à VÉNUS, qui alors la refuse et la fait présenter à la DUCHESSE D'ÉTAMPES comme étant la BELLE DES BELLES.

XI. — Final : DÉESSES, BACCHANTES, NAÏADES et DRYADES.

XII. — Apothéose : PSYCHÉ et l'AMOUR, APOLLON entouré des MUSES. tous les personnages autour de la NYMPHE DE FONTAINEBLEAU. — Fanfares triomphales.

RIDEAU.

ACTE QUATRIÈME

Sixième Tableau.

Même décor qu'au troisième tableau. La châsse, achevée et close, sous une arcade à tenture mobile.

Au lever du rideau, Pagolo est en scène épiant Ascanio qui, mystérieusement, escalade la balustrade du fond et disparaît vers le Petit-Nesle. — Peu après, deux coups sont discrètement frappés à la porte. Pagolo va ouvrir avec empressement. Paraît Scozzone, suivie de la duchesse; cette dernière a son masque. Toutes deux sont enveloppées d'une cape, noire pour la duchesse, rouge pour Scozzone, dont la tête est voilée d'une mantille à l'espagnole qu'elle quitte dès son entrée. La duchesse garde sa cape, mais ôte son masque, en se voyant seule avec Scozzone et Pagolo.

SCÈNE PREMIÈRE

LA DUCHESSE, SCOZZONE, PAGOLO, précédemment ASCANIO.

SCOZZONE, du seuil, discrètement.

Sommes-nous seuls?

PAGOLO.

Le maître est à la fonderie.

Entrez, aucun danger.

Les deux femmes entrent après le jeu de scène indiqué précédemment.

SCOZZONE, à Pagolo. Tout ce qui suit doit garder une allure mystérieuse, fiévreuse, rapide et être dit bien à découvert.

Répète, je te prie,
Tout ce que tu m'as dit ce matin, n'omets rien.

PAGOLO, entre les deux femmes.

Du maître et d'Ascanio j'ai surpris l'entretien,
Hypocritement.
Cette nuit, par hasard.

LA DUCHESSE.

Au but. Que veut-il faire?

PAGOLO.

Enlever Colombe!

LA DUCHESSE.

Ah! comment?

PAGOLO.

Je ne sais!... Et puis... sans perdre un moment
L'enfermer dans ce reliquaire,
Le faire porter au couvent
Dont la prieure est la marraine
De Colombe... où pourra la protéger la reine!

SCOZZONE, à la duchesse.

Vous voyez qu'il est temps d'agir.

LA DUCHESSE.

Certes!
A Pagolo.
C'est bien!

A Scozzone un peu à l'écart.

Tu sais mon désir et je sais le tien,
Jeanne, pas de faiblesse.

Ton Benvenuto, dans trois jours,
Peut triompher... Ascanio pour toujours
M'échapper!... Ah! jamais!

Avec une résolution farouche.

S'ils retrouvent Colombe
Il faut que ce soit dans la tombe!

D'un geste rapide elle a désigné le reliquaire.

SCOZZONE, *avec horreur.*

Oh!

LA DUCHESSE, *revenant à Pagolo.*

Combien de temps, sans risque de mort,
Peut-on s'enfermer là?

PAGOLO.

Plusieurs heures peut-être,
Mais jamais plus d'un jour, a dit le maître.

LA DUCHESSE, *allant au reliquaire qu'elle examine.*

Ce volet s'ouvre?

PAGOLO.

En poussant ce ressort!

Montrant le fermoir à la duchesse.

Du dehors seulement!

LA DUCHESSE, *pensive, après réflexion.*

Du dehors! Bien!

SCOZZONE, *près d'elle.*

Madame!
A quoi songez-vous donc?

LA DUCHESSE, *bas.*

Je songe, sur mon âme,

Que le bonheur n'est pas trop payé d'un remord!

Elle fait un geste de congé à Pagolo qui salue profondément, s'éloigne et disparaît par la porte latérale droite. La duchesse attirant Scozzone près d'elle.

Écoute!

Montrant la châsse.

Colombe est dans la châsse... Ils l'emportent! en route
Pour le couvent, ils la montent chez moi,

Avec intention.

Au Louvre! Car je veux la faire voir au roi...
Mais d'abord je la garde
Trois grands jours!

SCOZZONE, comprenant, terrifiée.

Trois jours, Dieu!

LA DUCHESSE, froidement.

Le reste me regarde.

SCOZZONE.

Oh! c'est horrible!

LA DUCHESSE.

Ah! tu n'aimes donc pas!
Tu faiblis, âme timorée!
Meure la rivale abhorrée!...

SCOZZONE, après une lutte.

Meure la rivale abhorrée!

LA DUCHESSE.

Jure-le!

SCOZZONE.

Je le jure!

La duchesse remet son masque et s'éloigne.

SCÈNE II

SCOZZONE, seule.

SCOZZONE.

Hélas!
Ah! ma douleur soutiendra ma colère.
Je me vengerai!
Je saurai me taire!
J'ai juré!
Car je t'aime, ô maître adoré,
Jusqu'à la honte, jusqu'au crime!
Qu'importe une victime?
Oui, je te garderai,
J'ai juré!

SCÈNE III

SCOZZONE, BENVENUTO.

BENVENUTO, entré en scène par la porte latérale droite.

Ah! te voilà donc revenue!
Mauvaise tête! Eh! eh! si je ne t'avais vue
Près de ta belle amie, hier, et ne te savais
D'ailleurs très sage!...

SCOZZONE, *à part, outrée.*

Il raille ! Ah !

Nerveusement.

Je m'en vais.

Vous avez dû comprendre
Que je ne pouvais plus rester ici, l'attendre...
Elle !...

BENVENUTO, *sérieux, avec un sentiment de pitié, lui prenant les mains.*

Ma pauvre enfant !

SCOZZONE.

Je sais tous tes projets !
Je sais que dans ce reliquaire
Tu prétends enlever Colombe... cacher là
Ton trésor !...

BENVENUTO.

Malheureuse ! Ah ! qui t'a dit cela ?

SCOZZONE, *éclatant.*

Je sais tout !... jusqu'aux faits qu'on a soin de vous taire !
Et je m'étonne enfin de votre aveuglement !
Ah ! tu crois follement
Que ta Colombe t'aime !
Aux bras de son amant, ici, veux-tu la voir ?

BENVENUTO.

Son amant !

SCOZZONE.

Oui, ton Ascanio !

BENVENUTO.

Blasphème !

SCOZZONE.

Les voici ! Viens ! Viens ! Tu vas tout savoir !...

Elle entraine Benvenuto. Fausse sortie.

SCÈNE IV

LES MÊMES, COLOMBE, ASCANIO, paraissant à la baie du fond qui s'ouvre sur le Petit-Nesle et aidant Colombe à franchir le mur d'appui de la terrasse.

ASCANIO, tendant la main à Colombe.

Inclinez-vous, mon lis.

Colombe descend dans l'atelier, en s'aidant d'un marchepied de sculpteur.

Là, vous êtes sauvée !

COLOMBE, inquiète.

Sauvée ?... Ah ! je ne le croirai
Que ce soir, arrivée
Chez ma marraine au couvent.

En scène.

J'entendrai
Toujours les mots méchants de cette femme !
Sans vous, elle m'eût prise en quelque obscure trame.
Ah ! comme elle me hait !... Que votre maître est bon
De me défendre, lui !... que je vais l'aimer !

ASCANIO, vivement.

Non !
Ne l'aimez pas... au moins comme il vous aime,
Car ainsi que moi-même
Il vous aime d'amour, et moi... j'en suis jaloux !

COLOMBE.

Dieu ! que dites-vous ?

Regardant autour d'elle avec effroi.

Et vous m'avez conduite ici ?

ASCANIO.

Pour vous soustraire
Au plus pressant danger!
Seul mon maître le pouvait faire.
Lui seul pouvait vous protéger!

ENSEMBLE.

ASCANIO.

Ah! j'aurai le courage
De lui révéler notre amour!

BENVENUTO, au fond, à part.

Il l'aime! ô désespoir! ô rage!

SCOZZONE, observant Benvenuto, à part.

J'ai bien souffert!... Souffre à ton tour!

ASCANIO.

Mais pour rassurer ma faiblesse
Dites encor que vous m'aimez!

COLOMBE, le regardant longuement.

O Dieu! douter de ma tendresse!
Ami, vos yeux sont donc fermés!

SCOZZONE, à part.

Elle vient, l'heure vengeresse
De tous les dédains essuyés!

BENVENUTO, à part.

Enfant ingrat, âme traîtresse!
Quoi! tous mes bienfaits oubliés!

ASCANIO et COLOMBE.

En notre amour ma foi profonde
A dans mon cœur ouvert les cieux...
A nous demain l'oubli du monde
Et le bonheur silencieux!

BENVENUTO, à part.

Ah! bravez l'Océan qui gronde,
Riez de ses flots furieux!
Toi, saigne, ô blessure profonde!
Saigne en mon cœur silencieux!

SCOZZONE, à part.

Mesure ta chute profonde,
Cœur insensé, cœur orgueilleux!
Vainement ta colère gronde
Comme un océan furieux!

ASCANIO, résolument après l'ensemble.

Ah! je veux tout lui dire!
Oui, notre amour béni
Me fait plus fort que lui! Viens!

Avec découragement.

Non! fou! je délire!
Quel homme est assez fort pour vaincre Cellini?

BENVENUTO, surgissant entre eux.

Lui-même!

COLOMBE et ASCANIO, dans un même cri.

Ah! maître!

BENVENUTO, après un silence pendant lequel semblent s'apaiser peu à peu les mouvements tumultueux de son cœur; d'une voix brisée.

Enfants, je ne vous en veux pas!
Ce n'est pas votre faute, hélas!

Si vous aimez, si l'on vous aime !
Enfants, je ne vous en veux pas !

Allez, jeunesse ! allez, aurore ! Pour nous autres,
Faits pour vivre seuls, pareils à des loups,
Notre rêve se brise à se heurter aux vôtres
Allez ! aimez-vous !

ASCANIO, douloureusement.

Votre bonté m'accable ! Elle m'est presque amère !

BENVENUTO, remis, avec une grande bonté.

Va ! par le saint nom de ta mère
Mon triomphe te sera doux !
Le Jupiter fondu, sais-tu ce qu'en échange
Je compte demander au roi ?
C'est toujours la main de cet ange.
Seulement ce sera non pour moi, mais pour toi !

En même temps qu'il dit ces mots, il prend et unit les mains de Colombe et d'Ascanio. C'est comme une reproduction inconsciente de la scène du mendiant au deuxième tableau.

ASCANIO.

O mon père, ô bonté profonde !
Reflet de la bonté des cieux !
Vous sur qui notre espoir se fonde,
Soyez béni, cœur généreux !

COLOMBE.

O noble ami, bonté profonde !

BENVENUTO, rayonnant de son sacrifice.

A moi la souffrance féconde
Et le labeur silencieux ;
A vous les sourires du monde,
A vous les ivresses des cieux !

SCOZZONE, très émue, avec une sorte d'adoration vers Benvenuto.

O bonté profonde,
Reflet de la bonté des cieux !

BENVENUTO, après l'ensemble, à Scozzone.

Et toi, ma pauvre enfant, pardonne
Le mal que je t'ai fait souffrir.

SCOZZONE.

Moi ! moi ! vous pardonner !

BENVENUTO.

Ton âme est grande et bonne !

SCOZZONE, comme égarée.

Ne dites pas cela ! Dieu !... Je voudrais mourir.
Mourir pour vous !

BENVENUTO.

Mourir ! Non, il faut vivre.
Pour sauver ces enfants.

Montrant Colombe.

C'est toi qui vas la suivre,
Assurer son salut !... Mais laisse que d'abord
J'écrive à la prieure et lui fasse connaître
Ce que je veux !... Je vais te donner cette lettre.

Il s'assied devant une table et se met à écrire. Ascanio et Colombe restent près de lui, se parlant à voix basse, avec timidité, se montrant par instant Benvenuto, dont l'émotion est encore évidente et qui écrit lentement avec réflexion, s'arrêtant parfois, comme se relisant. Pendant ce jeu de scène, Scozzone s'isole.

SCOZZONE.

O cœur pur, généreux et fort !

Après un temps.

Ah! quand il s'immole lui-même
J'hésiterais devant un égal dévouement!
Non! tout est dit! Voici l'instant suprême
Où mon œuvre commence, où finit mon tourment!

À elle-même.

Meurs sans regret. Meurs, misérable,
Et qu'il garde en son souvenir,
Ton image bénie, aimée, ineffaçable!
Et que rien, rien jamais ne puisse l'en bannir!

On frappe violemment à la porte. Benvenuto se lève. — Trouble de Colombe et d'Ascanio. Mouvement de Scozzone vers Benvenuto.

DES VOIX, au dehors.

Ouvrez, au nom du roi!

COLOMBE, avec crainte, joignant les mains.

Seigneur!

DES VOIX, on frappe de nouveau.

Ouvrez!

BENVENUTO, à Colombe et à Ascanio.

Silence!
Oui, déjà votre absence
Est connue. On vous cherche...

Avec le sentiment de sa force.

Ah! mais ne craignez rien.
Vous sortirez d'ici.

A Scozzone, lui indiquant la châsse.

Tu sais par quel moyen!

Scozzone tressaille.

Va! Je te la confie!

ASCANIO, avec supplication, à Scozzone, lui montrant Colombe.

Scozzone!... mon bonheur, mon avenir, ma vie!

SCOZZONE, regardant Benvenuto d'un air étrange.

Vous le voulez ?

BENVENUTO.

Tu l'accompagneras
Au couvent !

SCOZZONE.

Et j'y resterai moi-même !

BENVENUTO.

Scozzone ! Oh ! non ! tu me pardonneras !
Va ! Tu sais bien qu'ici l'on t'aime.
Tu me reviendras !

SCOZZONE, à part.

Ah ! jamais !

BENVENUTO.

Voici ma lettre à la prieure.

SCOZZONE, prenant la lettre, à part.

Fasse Dieu qu'il me pleure
Autant que je l'aimais !

Elle tend la main à Benvenuto et le regarde longuement avec des yeux avides.

Adieu !

BENVENUTO, à Colombe lui montrant la pièce à l'entrée de laquelle est la châsse.

Suivez Scozzone,
Et faites tout ce qu'elle vous dira !

Scozzone et Colombe disparaissent. On frappe de nouveau à la porte.
Benvenuto montrant la chambre de Scozzone à Ascanio.

Sois tranquille, personne
Sans que je le veuille ici n'entrera.

Elles sortent. La tenture de l'arcade retombe sur elles, cachant entièrement la châsse.

SCÈNE V

LES MÊMES, D'ORBEC, SERGENTS, SOLDATS.

BENVENUTO.

Ouvre, à présent!

D'ORBEC, entrant vivement, escorté et suivi de soldats et de sergents. Des ouvriers de Benvenuto paraissent en même temps.

Qu'on garde chaque porte.
Sans mon congé que nul ne sorte!

BENVENUTO, hautain.

Par Dieu, monsieur, que voulez-vous de moi?

D'ORBEC.

Ordre du roi.

Montrant Ascanio.

Vous êtes tous les deux prisonniers dans le Nesle!

BENVENUTO.

Moi, prisonnier! En vérité!
Que me reproche-t-on?

D'ORBEC.

Votre complicité

Montrant Ascanio.

Avec ce ravisseur de noble demoiselle,
Colombe d'Estourville!
Elle est cachée ici!

BENVENUTO.

Faites votre devoir. Pourtant, souffrez aussi
Que je fasse le mien. C'est le vœu de la reine
Que je livre à l'instant
Un don qu'elle a promis, la châsse qu'on attend
Aux Ursulines!

D'ORBEC, hautain et dédaigneux.

Soit! Que quelqu'un d'ici prenne
Ce soin pour vous.

BENVENUTO.

Merci! Scozzone y suffira.

D'ORBEC, d'un air d'intelligence.

Ah! Scozzone! Fort bien! La Florentine aura
Pour aides vos gens, les miens pour escorte!

BENVENUTO.

Cette châsse est là!

La tenture relevée laisse voir la châsse fermée. Une femme, sous les habits de Scozzone, est près de la châsse.

D'ORBEC.

Qu'on l'emporte!

Pendant que quelques hommes, sur un signe de Benvenuto, se disposent à enlever la châsse.

BENVENUTO, à d'Orbec, d'un ton assez léger.

Et moi-même, monsieur, je dois, de cet enfer,
Sortir quelque jour, je suppose?

D'ORBEC, de haut, dédaigneusement.

Si jamais vous fondez ce fameux Jupiter!
Vous pourrez plaider votre cause
Au Louvre!

BENVENUTO.

C'est au mieux!

Avec audace, lui montrant les diverses portes.

Allez, messieurs!

Pendant ce qui précède les hommes désignés par Benvenuto ont pris la châsse sur leurs épaules et s'éloignent lentement escortés par les soldats. Sous la cape et la mantille de Scozzone, la femme sort avec eux. D'Orbec donne un ordre à ses hommes et pénètre avec eux dans le logis de Benvenuto.

BENVENUTO, en même temps, à la femme voilée de loin.

Scozzone, au revoir!

La femme continue impassiblement son chemin et disparaît. — Les portes se referment.

Cœur farouche!
Elle est impitoyable!

Après un temps.

O les tristes adieux!
Et quel charmant passé s'en va loin de mes yeux!

A Ascanio qui est venu à lui, lui saisissant la main.

Mais ce n'est plus mon deuil, ma gloire qui me touche,
Non! ton amour, ton bonheur avant tout!
Le moule est prêt, le métal bout!

Otant son pourpoint. Avec ardeur.

Au travail! A la fonte!

La porte latérale s'ouvre; lueur rougeâtre de la fonderie éclairant la baie de cette porte.

A moi les cœurs vaillants et les bras vigoureux!

Entraînant Ascanio.

Il n'est rien désormais que ma force ne dompte!
J'ai souffert bien assez pour que tu sois heureux!

BENVENUTO, ASCANIO et LE CHŒUR.

Allons! au travail, à la fonte!
Gloire à Jupiter triomphant!

Dans sa splendeur impérissable,
Parmi les hommes il descend ;
Il sort de l'argile et du sable,
Le dieu superbe et tout-puissant !
Gloire à Jupiter triomphant !

Rideau.

ACTE CINQUIÈME

Septième Tableau.

Au Louvre. Un oratoire fermé au fond par de lourdes draperies qui, relevées, doivent laisser voir une vaste salle. — Au lever du rideau, l'oratoire est dans l'ombre. La châsse des Ursulines est à gauche du spectateur, sur une estrade de deux marches, devant une profonde embrasure de fenêtre. Une lueur de lune éclaire les orfèvreries de la châsse. Porte latérale à droite, premier plan.

SCÈNE PREMIÈRE

LA DUCHESSE.

Au lever du rideau, la scène est vide. Presque aussitôt, la porte de droite s'ouvre. La duchesse paraît, un flambeau à la main. Elle pose le flambeau sur une crédence. Elle jette un regard vers le reliquaire et fait quelques pas en silence pour s'en approcher. — Après un temps.

Morte!... Tout est fini!... Dans l'ombre sépulcrale
Pour jamais elle dort!
Je suis sûre à présent de mon œuvre fatale,
De mon crime et de mon remord.

Ce Florentin riait devant moi tout à l'heure,
Glorieux d'avoir réussi!
Le monde est à lui!
Non! l'espoir dont il se leurre
Va se briser devant le cercueil que voici!

Songeuse.

Il riait!...
Ah! ce reliquaire est vide,
Peut-être?

Avec un mouvement vers le reliquaire.

Je veux le savoir!

S'arrêtant.

J'ai peur!...

Frissonnante.

Si devant moi, rigide,
La morte se dressait!... La regarder! la voir!
Voir ses grands yeux ouverts, terribles!... Voir sa bouche,
Par la douleur crispée!
Il suffit que je touche!...
Que je sache bien qu'elle est là!

Elle arrive au pied de l'estrade; elle étend la main, puis recule.

Lâche! Je tremble encor!

Résolue.

Démon, qui m'as poussée,
Ne m'abandonne pas!

Elle touche le ressort du reliquaire; elle glisse sa main par l'ouverture; puis avec un cri d'horreur, descendant en scène.

Ah! cette main glacée!

Avec un sentiment de stupeur.

C'est donc bien vrai, c'est moi! Moi, j'ai voulu cela!

Soudain éclate un chœur au fond, d'abord invisible. Les draperies se relèvent tirées par des pages. La grande salle apparaît brillamment illuminée, pleine de monde. Au centre, se dresse le Jupiter pareil au modèle du premier tableau, mais resplendissant de l'éclat du métal. Toute la cour entoure et félicite Benvenuto qui vient en scène avec le roi. Ascanio marche près de lui. La duchesse d'Étampes, aux premières mesures du chœur a fait un mouvement vers la porte de gauche, se dérobant un instant aux yeux pour reparaître au premier rang pendant ce qui suit.

SCÈNE II

LA DUCHESSE, BENVENUTO, ASCANIO, LE ROI, D'ESTOURVILLE, D'ORBEC, puis COLOMBE et DAME PÉRINE.

LE CHOEUR et LE ROI, autour de Jupiter.

Dans sa splendeur impérissable,
Parmi les hommes il descend,
Il sort de l'argile et du sable
Le dieu superbe et tout-puissant!

Venant en scène avec Benvenuto.

Il vient, proclamant ton génie,
O maître qui soumets l'univers à tes lois!
Les grands Olympiens sont rendus à la vie!
Voilà le roi des dieux, voilà le dieu des rois

LE ROI, en scène.

Benvenuto, ton œuvre est accomplie!
Je tiens ma parole de roi.
Parle. Qu'exiges-tu de moi?

BENVENUTO.

Sire, je vous demande
Non pour moi, mais pour lui.

Il fait avancer Ascanio.

La faveur la plus grande.

Sur un geste encourageant du roi.

Ascanio des Gaddi, très noble Florentin
Que vous ferez seigneur de Nesle,
Avec charge à la cour, implore ici la main
D'une enfant qu'il adore !...

LE ROI, souriant.

Et... c'est ?...

BENVENUTO, hautement.

Mademoiselle
Colombe d'Estourville !

LE ROI.

Ah ! qu'il en soit ainsi,

A la duchesse.

Si madame y consent, car elle a ma parole.

LA DUCHESSE, très pâle, s'approchant.

Sire, je vous la rends !...

Regardant tour à tour Ascanio et Benvenuto avec une ironie amère.

Rien ne vous manque ici,
Sinon la fiancée !...

BENVENUTO.

Elle !... Mais la voici !

Un groupe s'écarte laissant voir Colombe accompagnée d'une ursuline.

COLOMBE.

Sire ! Mon père ! Ascanio !

LA DUCHESSE, à part, comme terrassée.

Je suis folle!
Elle!...

LE ROI, conduisant Colombe vers Ascanio après un regard d'autorité à d'Estourville qui s'incline humblement.

Je tiens ma parole de roi!

ENSEMBLE.

Reprise du précédent.

BENVENUTO, au roi.

Votre Majesté soit bénie
Qui me permet ici de lui dicter sa loi!

LA DUCHESSE, les yeux fixes, comme terrifiée depuis l'apparition de Colombe.

Qui t'a rendu à la vie,
Fantôme qui reviens triomphant devant moi?

Saisissant le bras de Benvenuto et lui montrant le reliquaire.

Si Colombe est vivante, ah! qui donc est là morte?

BENVENUTO, frappé de son égarement.

Morte! Que dites-vous? Ce reliquaire!...

Il va au reliquaire, l'ouvre violemment; il y voit Scozzone morte. Avec un cri terrible.

Ah! Dieu!
Scozzone!...

Avec désespoir.

Et pour moi!

Éclatant en sanglots.

Gloire! avenir! que m'importe!
C'est le dernier lambeau de mon cœur qu'elle emporte!

Tendant les bras vers Scozzone.

Adieu, gaîté! Lumière, adieu! Jeunesse, adieu!

Mouvement général vers Benvenuto. — Tableau. — La toile tombe rapidement.

FIN

IMPRIMERIE CHAIX, RUE BERGÈRE, 20, PARIS. — 6434-3-90.

www.ingramcontent.com/pod-product-compliance
Lightning Source LLC
LaVergne TN
LVHW020345230826
846091LV00003B/996